'मनुस्मृति' वह धर्मशास्त्र है जिसकी मान्यता जग-विख्यात है। न केवल देश में अपितु विदेशों में भी इसके प्रमाणों के आधार पर निर्णय होते रहे हैं और आज भी होते हैं। अत: धर्मशास्त्र के रूप में मनुस्मृति को विश्व की अमूल्य निधि माना जाता है।

भारत में वेदों के उपरान्त सर्वाधिक मान्यता और प्रचलन 'मनुस्मृति' का ही है। इसमें चारों वर्णों, चारों आश्रमों, सोलह संस्कारों तथा सृष्टि उत्पत्ति के अतिरिक्त राज्य की व्यवस्था, राजा के कर्तव्य, भांति-भांति के विवादों, सेना का प्रबन्ध आदि उन सभी विषयों पर परामर्श दिया गया है जो कि मानव-मात्र के जीवन में घटित होने सम्भव है। यह सब धर्म-व्यवस्था वेद पर आधारित है।

मनु महाराज के जीवन और उनके रचनाकाल के विषय में इतिहास-पुराण स्पष्ट नहीं हैं। तथापि सभी एक स्वर से यह स्वीकार करते हैं कि मनु आदिपुरुष थे और उनका यह धर्मशात्र आदि-शास्त्र है। क्योंकि मनु की समस्त मान्यताएँ सत्य होने के साथ-साथ देश, काल तथा जाति के बन्धनों से रहित हैं।

मनुस्मृति

नरेन्द्र कुमार वर्मा

www.diamondbooks.in

प्रकाशक	:	डायमंड पॉकेट बुक्स (प्रा.) लि.
		X-30 ओखला इंडस्ट्रियल एरिया, फेज-II
		नई दिल्ली- 110020
फोन	:	011-40712200
ई-मेल	:	wecare@diamondbooks.in
वेबसाइट	:	www.diamondbooks.in
संस्करण	:	2025
मुद्रक	:	रेप्रो (इंडिया)

Manusmriti

By – *Narendra Kumar Verma*

भूमिका

'मनुस्मृति' भारतीय संस्कृति का अभिन्न अंग है। इसकी गणना विश्व के ऐसे ग्रन्थों में की जाती है, जिनसे मानव ने वैयक्तिक आचरण और समाज-रचना के लिए प्रेरणा प्राप्त की है। इसमें प्रश्न केवल धार्मिक आस्था या विश्वास का नहीं है। मानव-जीवन की आवश्यकताओं की पूर्ति, किसी भी प्रकार आपसी सहयोग तथा सुरुचिपूर्ण ढंग से हो सके, यह अपेक्षा और आकांक्षा प्रत्येक सामाजिक व्यक्ति में होती है। विदेशों में इस विषय पर पर्याप्त खोज हुई है, तुलनात्मक अध्ययन हुआ है और समालोचनाएँ भी हुई हैं। हिन्दू समाज में तो इसका स्थान वेदत्रयी के उपरांत है। 'मनुस्मृति' के बहुत से संस्करण उपलब्ध हैं। कालान्तर में बहुत से प्रक्षेप भी स्वाभाविक हैं। साधारण व्यक्ति के लिए यह संभव नहीं है कि वह बाद में सम्मिलित हुए अंशों की पहचान कर सके। कोई अधिकारी विद्वान् ही तुलनात्मक अध्ययन के उपरान्त ऐसा कर सकता है। 'मनुस्मृति' के इस संस्करण में भी ऐसा ही प्रयत्न किया गया है। विद्वान अनुवादक ने सुगम और बोधगम्य भाषा में 'मनुस्मृति' के मूल तत्त्वों को संक्षिप्त में प्रस्तुत किया है। ग्रन्थ की आत्मा और दिशा का भी पूरा संरक्षण हुआ है, ऐसा मेरा विचार है।

वस्तुतः 'मनुस्मृति' मानव-धर्म का पूर्ण समाजशास्त्र है। 'मनुस्मृति' का यह संस्करण न केवल जनसाधारण के लिए ही उपयोगी होगा वरन राजनीति और समाजशास्त्र के विद्यार्थियों के लिए भी लाभकारी होगा, विशेषकर उनके लिए, जिनको संस्कृत भाषा का पर्याप्त ज्ञान नहीं है। मैं तो ऐसा भी मानता हूं कि यह संस्करण 'मनुस्मृति' के विवेचनात्मक अध्ययन के लिए भी प्रेरणा प्रदान करेगा।

मुझे विश्वास है कि ऐसे सर्वोपयोगी ग्रन्थ का समुचित स्वागत होगा। मैं आशा करता हूं कि इसके प्रकाशक डायमंड पॉकेट बुक्स भारतीय संस्कृति से सम्बन्धित अन्य ग्रन्थ भी इसी प्रकार जनसामान्य के ज्ञानवर्धन और कल्याण के लिए निरन्तर उपलब्ध कराने में प्रयत्नशील रहेंगे।

—त्रिलोकीनाथ चतुर्वेदी

अनुक्रम

प्रस्तावना

'मनुस्मृति' वह धर्मशास्त्र है जिसकी मान्यता जग-विख्यात है। न केवल देश में अपितु विदेशों में भी इसके प्रमाणों के आधार पर निर्णय होते रहे हैं और आज भी होते हैं। अत: धर्मशास्त्र के रूप में मनुस्मृति को विश्व की अमूल्य निधि माना जाता है।

भारत में वेदों के उपरान्त सर्वाधिक मान्यता और प्रचलन 'मनुस्मृति' का ही है। इसमें चारों वर्गों, चारों आश्रमों, सोलह संस्कारों तथा सृष्टि उत्पत्ति के अतिरिक्त राज्य की व्यवस्था, राजा के कर्तव्य, भांति-भांति के विवादों, सेना का प्रबन्ध आदि उन सभी विषयों पर परामर्श दिया गया है जो कि मानव-मात्र के जीवन में घटित होने सम्भव है। यह सब धर्म-व्यवस्था वेद पर आधारित है।

मनु महाराज के जीवन और उनके रचनाकाल के विषय में इतिहास-पुराण स्पष्ट नहीं हैं। तथापि सभी एक स्वर से यह स्वीकार करते हैं कि मनु आदिपुरुष थे और उनका यह धर्मशात्र आदि-शास्त्र है। क्योंकि मनु की समस्त मान्यताएँ सत्य होने के साथ-साथ देश, काल तथा जाति के बन्धनों से रहित हैं। अत: यह मान्यता उचित है।

यही कारण है कि विश्व के समस्त देशों के विधि-विशेषज्ञों और विधान-निर्माताओं ने मनुस्मृति का आश्रय लेकर अपने-अपने विधानों की रचना की है।

ऐसे जग-विख्यात और बहुचर्चित ग्रन्थ में कालान्तर में प्रक्षेप का आ जाना भी हम स्वाभाविक ही मानते हैं। उस त्रुटि का कारण मनु नहीं अपितु मानव है। मनु ने उसको सन्मार्ग दिखाया किन्तु मानव कभी-कभी सुविधागामी बन जाता है। उसी सुविधागामी मानव ने मनुस्मृति को भी विकृत कर दिया। तदपि जो सच है वह तो जग-जाहिर रहता है। मनुस्मृति में समय-समय पर प्रक्षेप होते रहे हैं, इसमें सन्देह नहीं। सुधी विद्वानों ने प्रयत्न करके उन प्रक्षेपों को पृथक् करने का यत्न किया है। यही कारण है कि आज मनुस्मृति के अनेक संस्करण उपलब्ध हैं। किस विद्वान का कौन-सा संस्करण सर्वमान्य हो सकता है, इसका निर्णय अभी तक नहीं हो पाया है। भविष्य में भी हो पाएगा, यह कह पाना सम्भव नहीं है।

हमने इनमें से पाँच संस्करणों को सम्मुख रखकर मनुस्मृति का यह 'हिन्दी संस्करण' प्रस्तुत किया है। संक्षिप्त संस्करण प्रस्तुत करने में स्वाभाविक ही वह सब हमें छोड़ना पड़ा है जिसे हमने इस युग के अनुरूप नहीं पाया है। हमें यह कहने का तनिक भी अधिकार नहीं है कि वह सब अनुपयोगी था, हां इतना कह सकते हैं कि स्थानाभाव के कारण उसे हमें पृथक् रखना पड़ा है। अन्यथा न्याय तो यही कहता है कि जो जैसा है उसे उसी रूप में प्रस्तुत कर दो और सत्यासत्य का निर्णय अपने पाठकों पर छोड़ दो, अस्तु।

मनुस्मृति का यह लघु हिन्दी संस्करण आपके हाथों में है। इसको पढ़कर वर्तमान मानव जीवन और समाज के निर्माण की दिशा में यदि कोई एक पाठक एक पग भी आगे बढ़ सका तो इसी में हम अपने श्रम की सफलता समझेंगे।

—प्रकाशक

नरेन्द्र कुमार वर्मा

nk@dpb.in

प्रथम अध्याय

सृष्टि तथा धर्म उत्पत्ति

एक बार सब महर्षि मिलकर मनु महाराज के पास गए और उनका यथोचित सत्कार करके बोले-"हे भगवन! आप सब वर्णों तथा जो अन्य जाति के मनुष्य हैं उन सबके धर्म और कर्तव्यों को ठीक-ठीक रूप से बतलाने में समर्थ हैं। क्योंकि आप अविज्ञ जगत के तत्त्व को जाननेवाले हैं और आप ही जो विधान रूप वेद हैं, जिनका कि चिन्तन से पार नहीं पाया जा सकता, जो अपरिमित सत्य विद्याओं का विधान है उनके अर्थों को जाननेवाले भी केवल आप ही हैं।"

उन महात्माओं के इस प्रकार कहने पर मनु महाराज ने भी उनका उसी प्रकार आदर-सत्कार किया और फिर उनसे कहा, "सुनिए। यह सब जगत सृष्टि से पहले प्रलय में, अन्धकार में आवृत्त था। उस समय न किसी के जानने, न तर्क में जाने और न प्रसिद्ध चिह्नों से युक्त इंन्द्रियों से जानने योग्य था, वह सब जगत खोये हुए के समान ही था।

सब अपने कार्य में स्वयं समर्थ अर्थात् स्वयं भूत और स्थूल में प्रकट न होनेवाला अर्थात् अव्यक्त इस महाभूत आकाशादि को प्रकाशित करनेवाला परमात्मा इस संसार को प्रकटावस्था में लाते हुए प्रकट हुआ। और फिर उस परमात्मा ने अपने आश्रय से ही महत नामक तत्त्व को और महतत्त्व से "मैं हूं" ऐसा अभिमान करनेवाले सामर्थ्यशाली अहंकार नामक तत्त्व को और फिर उनसे सब त्रिगुणात्मक पंचतन्मात्राओं तथा आत्मोपकारक मन इन्द्रिय को और विषयों को ग्रहण करनेवाली पाँच ज्ञानेन्द्रियों और पाँच कर्मेन्द्रियों को यथा क्रम से उत्पन्न कर प्रकट किया।

ये जो ऊपर वर्णन किये गये हैं, उन तत्त्वों में से अनन्त शक्ति वाले छहों तत्त्वों के सूक्ष्म अवयवों को उनके आत्मभूत तत्त्वों के कारणों में मिलाकर सारे पाँच महाभूतों की सृष्टि की।

उस परमात्मा के सब पदार्थों के नाम, जैसे 'गौ', 'अश्व' आदि और उनके भिन्न-भिन्न कर्म जैसे ब्राह्मण का वेद पढ़ना, क्षत्रिय का रक्षा करना आदि-आदि कार्य निर्धारित किए तथा पृथक्-पृथक् विभाग या व्यवस्थायें सृष्टि के आरम्भ में वेद के शब्दों के

आधार पर ही बनाए। इस प्रकार उस परमात्मा ने कर्मात्मना सूर्य, अग्नि, वायु आदि देवों, मनुष्य, पशु-पक्षी आदि सामान्य प्राणियों के और साधक कोटि के विशेष विद्वानों के समुदायों को तथा सृष्टिकाल से प्रलयकाल तक निरन्तर चले आ रहे सूक्ष्म संसार को रचा।

उस परमात्मा ने जगत के सब रूपों के ज्ञान के लिए अग्नि, वायु और रवि से ऋक् यजुः साम, रूप त्रिविध ज्ञान वाले नित्य वेदों को दुहकर प्रकट किया। फिर काल और मास, ऋतु, अयन आदि काल विभागों को, कृत्तिका आदि नक्षत्रों को, सूर्य आदि ग्रहों को और नदी, समुद्र, पर्वत तथा ऊंचे-नीचे स्थानों को बनाया। फिर इन प्रजाओं की सृष्टि के इच्छायुक्त उस ब्रह्मा ने तपों को, वाणी को, रति को, इच्छा को, क्रोध को रचा। और फिर कर्मों के विवेचन के लिए धर्म-अधर्म का विभाजन किया। इन प्रजाओं को सुख-दुःख आदि द्वन्द्वों से जोड़ा।

समाज की समृद्धि के लिए मुख, बाहु, जंघा और पैर की तलना के अनुसार क्रमशः ब्राह्मण, क्षत्रिय, वैश्य, और शूद्रवर्ण को निर्मित किया। फिर उस विराट् पुरुष ने तप करके इस जगत की सृष्टि करनेवाले मुझको उत्पन्न किया और फिर मैंने प्रजा की सृष्टि करने की इच्छा से कठिन तप करके पहले दश प्रजापति महर्षियों को उत्पन्न किया। इन दश महर्षियों ने मेरी आज्ञा से बड़ा तप किया और फिर जिसका जैसा कर्म है, तदनुरूप देव, मनुष्य तथा पशु-पक्षी आदि योनियों को उत्पन्न किया।

इस संसार में जिन मनुष्यों का जैसा कर्म वेदों में कहा गया है उसे वैसे ही और उत्पन्न होने में जीवों का जो एक निश्चित प्रकार रहता है उसे मैं आप लोगों को बताता हूं।

पशु, मृग, व्याघ्र, दोनों ओर दाँत वाले राक्षस, पिशाच और मनुष्य, ये सब जरायुज अर्थात झिल्ली से उत्पन्न होनेवाले हैं। पक्षी, सांप, मगर, मछली तथा कछुए और अन्य जो इस प्रकार के स्थल में उत्पन्न होनेवाले और जल में उत्पन्न होनेवाले जीव हैं, वे अण्डज अर्थात् अण्डे में से उत्पन्न होते हैं। मच्छर, जूं, मक्खी, खटमल और जो भी इस प्रकार के कोई जीव हों जैसे भुनगे आदि वे सब सीलन और गर्मी से उत्पन्न होते हैं, उनको 'स्वेदज' अर्थात् पसीने से उत्पन्न होनेवाले कहा जाता है। बीज के बोने तथा डालियों के लगाने से उत्पन्न होनेवाले सब स्थावर जीव वृक्ष आदि 'उद्भिज' भूमि को फाड़कर उगनेवाले कहलाते हैं। इनमें फलों के पकने पर सूख जानेवाले और जिन पर बहुत फल-फूल लगते हैं, 'औषधि' कहलाते हैं। जिन पर बिना फूल आये ही फल

लगते हैं वे बड़, पीपल आदि वनस्पति कहलाते हैं और फूल तथा उसके बाद फल लगने वाले जीव 'वृक्ष' कहलाते हैं।

अनेक प्रकार के जड़ से ही गुच्छे के रूप में बननेवाले झाड़ आदि, एक जड़ से अनेक भागों में फूटनेवाले ईख आदि तथा उसी प्रकार घास की सब जातियां, बीज और शाखा से उत्पन्न होनेवाले, उगकर फैलने वाले 'दूब' आदि और बेलें ये सब भी 'उद्भिज' ही कहलाते हैं। पुनर्जन्मों के कारण बहुत प्रकार के तमोगुण से आवेष्टित ये स्थावर जीवन आन्तरिक चेतनावाले होते हैं और सुख-दु:ख के भावों से युक्त होते हैं।

जब वह परमात्मा जागकर सृष्टि-उत्पत्ति आदि की इच्छा करता है तब यह समस्त संसार चेष्टायुक्त होता है और जब यह शान्त आत्मावाला सभी कार्यों से शान्त होकर सोता है, अर्थात् इच्छारहित होता है, तब यह समस्त संसार प्रलय को प्राप्त होता है। सृष्टि से निवृत्त हुए उस परमात्मा के सोने पर, श्वास-प्रश्वास, चलना-फिरना आदि को करने का जिनका स्वभाव है, वे देहधारी जीवन अपने-अपने कर्मों से निवृत्त हो जाते हैं और सब इंन्द्रियों समेत मन भी ग्लानि की अवस्था को प्राप्त करता है।

उस सर्वव्यापक परमात्मा के आश्रय में जब एक साथ ही सब प्राणी चेष्टाहीन होकर लीन हो जाते हैं तब यह सब प्राणियों का आश्रय-स्थान परमात्मा की सृष्टि-संचालन के कार्यों से निवृत्त हुआ सुखपूर्वक सोता है। इस प्रकार वह अविनाशी परमात्मा जागने और सोने की अवस्थाओं द्वारा इस जड़ और चेतन रूप जगत को निरन्तर जिलाता और मारता है।

'निमेष' पलक झपकने को कहते हैं। अठारह निमेषों की एक काष्ठा होती है, तीन काष्ठाओं की एक कला होती है, तीस कलाओं का एक मुहूर्त होता है और तीस मुहूर्तों के दिन-रात होते हैं। रात्रि और दिन का विभाजन सूर्य करते हैं। उनमें रात्रि सोने के लिए और दिन कार्य करने के लिए है। मनुष्यों का एक वर्ष देवताओं का एक दिन-रात होता है। उत्तरायण देवों का एक दिन और दक्षिणायन देवों की रात्रि कहलाती है। ब्रह्मा के दिनरात का तथा एक-एक युगों का जो काल परिमाण है वह देवताओं के चार हजार दिव्य वर्षों का एक 'सतयुग' है। उस सतयुग की चार सौ वर्ष की सन्ध्या होती है और 400 वर्षों का ही संध्यांश होता है।

अन्य तीन–त्रेता, द्वापर और कलियुग में, 'संध्या' और 'संध्यांश' में एक हजार और एक-एक सौ क्रमश: घटा देने से अर्थात् 4800 दिव्य वर्षों का सतयुग में से एक

हजार और संध्या वे संध्यांश के एक-एक सौ घटाने से 3600 दिव्य वर्षों का त्रेता युग होता है। इसी प्रकार 2400 दिव्य वर्षों का द्वापर, 1200 दिव्य वर्षों का कलियुग होता है। यह जो मनुष्यों का चारों युग का परिमाण है इसको बारह से गुणा करने से देवताओं का युग कहा जाता है। देवयुगों को हज़ार से गुणा करने पर वह ब्रह्मा का एक दिन होता है और उतने ही वर्षों की एक रात्रि होती है।

जो लोग परमात्मा के उस दिन और रात्रि को समझते हैं वे ही वास्तव में दिन रात के जाननेवाले लोग हैं। वह प्रलय अवस्था में सोया हुआ सा ब्रह्मा उस दिन रात के बाद जागता है और जागकर सत्-असत् रूप मन को उत्पन्न करता है। सृष्टि को रचने की इच्छा से फिर वह महतत्त्व की सृष्टि को विकारी भाव में लाता है, उस विकारी अंश से प्रेरित हुआ आकाश उत्पन्न होता है, उस आकाश को गुणवाला शब्द जानिए। उस आकाश के विकारोत्पादक अंश से सब गन्धों को वहन करनेवाला शुद्ध और शक्तिशाली वायु उत्पन्न होता है, वह वायु स्पर्श गुण वाला माना गया है। उस वायु के भी विकारोत्पादक अंश से उज्ज्वल अन्धकार को नष्ट करने वाली प्रकाशक अग्नि उत्पन्न होती है उसके गुण को रूप कहा गया है।

अग्नि के विकारोत्पादक अंश से रस गुणवाला जल और जल से गन्ध गुणवाली भूमि उत्पन्न होती है। इस प्रकार आदि सृष्टि कही गई है।

पहले जो बारह हज़ार दिव्य वर्षों का एक 'देवयुग' कहा गया है उससे एकहत्तर गुणा समय मन्वन्तर कहलाता है। वह परमात्मा असंख्य मन्वन्तरों की सृष्टि, उत्पत्ति और संहार रूप से खेलता हुआ-सा बार-बार करता है।

समस्त संसार की सुरक्षा आदि व्यवस्था के लिए परमात्मा ने मुख, बाहु, जंघा, और पैर की तुलना से निमित्तों के अर्थात् ब्राह्मण, क्षत्रिय, वैश्य और शूद्र वर्गों के अलग-अलग कर्म बनाये।

ब्राह्मणों के लिए पढ़ना-पढ़ाना, यज्ञ करना-कराना, दान देना और लेना ये छः कर्म कहे गये हैं। प्रजा की रक्षा करना, दान देना, यज्ञ करना, वेद पढ़ना, विषयों में अनासक्त हो जितेन्द्रिय बनना-ये संक्षेप में क्षत्रियों के कर्म कहे गए हैं। व्यापार करना वैश्यों के कर्म बनाए गए हैं जो शूद्र हैं अर्थात् विद्याहीन रह गए हैं ऐसे को शूद्र कहा गया है और उसको ब्राह्मण, क्षत्रिय और वैश्य इन तीनों की प्रीति से सेवा करना, यही एक कर्म बताया गया है।

श्रुति और स्मृति में कहा गया आचार परम धर्म है। इसलिए आत्मोन्नति चाहनेवाले द्विज को चाहिए कि वह इस श्रेष्ठाचरण में नित्य युक्त रहे। जो धर्माचरण से रहित है वह वेद प्रतिपादित सुख रूप फल को प्राप्त नहीं कर सकता और जो धर्माचरण करता है वही सम्पूर्ण सुख को प्राप्त कर सकता है।

आचार से रहित ब्राह्मण वेद विहित फल को प्राप्त नहीं कर सकता और जो आचार से युक्त है वह सम्पूर्ण फल का भागी होता है। मुनियों ने इस प्रकार आचार से धर्म की प्राप्ति देखकर धर्म के परम मूल आचार को ग्रहण किया है।

जगत की उत्पत्ति और जातकर्म आदि संस्कार की विधि, ब्रह्मचर्य का पालन, उपासना विधि आदि, दाराधिगमन, ब्राह्म आदि विवाहों के लक्षण, वैश्यदेव आदि पंच महायज्ञों का विधान और नित्य श्राद्ध की विधि इसमें कही गई है।

वृत्तियों के लक्षण और स्नातक के व्रत, भक्ष्य, अभक्ष्य, शौच, द्रव्यों की शुद्धि, स्त्रियों का धर्मोपाय, वानप्रस्थ आदि तपस्वियों का धर्म और मोक्ष तथा संन्यास धर्म तथा राजा का संपूर्ण धर्म तथा कार्यों का निर्णय, गवाहों से सवाल, स्त्री-पुरुष के धर्म और विराग, जुआरी, चोर इत्यादि का शोधन, वैश्य और शूद्रों के धर्म का अनुष्ठान प्रकार, वर्णसंकरों की उत्पत्ति और वर्णों का आपद्धर्म और प्रायश्चित्त विधि, उत्तम, मध्यम, और अधम-इन तीन प्रकार के कर्मों से जो देहान्तर प्राप्त होती हैं, तथा मोक्ष का स्वरूप और कर्मों के गुण-दोष की परीक्षा, देश धर्म और जो धर्म की जाति में नियत है और जो कुल परम्परा से चला आता है और पाखण्ड और गुण धर्म आदि-आदि सब मनु ने इस शास्त्र में वर्णन किए हैं।

द्वितीय अध्याय

संस्कार एवं ब्रह्मचर्याश्रम

जिसका नित्य सेवन राग द्वेष से रहित विद्वान लोग करें, जिसको हृदय से सत्य कर्म जानें, वही धर्म माननीय और करणीय है। वह क्या है ? उसको सुनो-

न तो कामात्मा होना और न केवल निष्काम होना ही अच्छा है, क्योंकि वेद की प्राप्ति और वेदोक्त कर्मानुष्ठान कामना करने के योग्य हैं।

इस कर्म से यह इष्ट फल प्राप्त होगा, इसको संकल्प कहते हैं। उस संकल्प के आधार पर ही उसको करने की इच्छा होती है। यज्ञ आदि सब संकल्प से ही होते हैं। व्रत, नियम, धर्म आदि सब संकल्प के आधार पर ही होते हैं। अर्थात् संकल्प के बिना कुछ भी नहीं होता। क्योंकि लोक में भी कोई क्रिया बिना इच्छा के देखने में नहीं आती, इस कारण जो कुछ कर्म पुरुष करता है वह सम्पूर्ण काम से ही करता है।

उन शास्त्रोक्त कर्मों में भली प्रकार आचारण करनेवाला अमर लोक को प्राप्त करता है। जो-जो वह यहाँ संकल्प करता है वे सभी पदार्थ उसको प्राप्त होते हैं।

सम्पूर्ण वेद और उन वेद-वेत्ताओं द्वारा प्रणीत स्मृतियाँ तथा उनका श्रेष्ठ स्वभाव और सत्पुरुषों का आचारण तथा अपनी आत्मा की प्रसन्नता का होना अर्थात्, जिस कर्म के करने में भय और शंका तथा लज्जा न होकर आत्मा को प्रसन्नता हो, ये सब धर्म के मूल हैं।

जिस वर्ण के लिए जो धर्म मनु ने कहा है वह सब वेद में भी कहा गया हैं क्योंकि वेद सब विद्याओं का भण्डार है, उनके आधार पर ही इस स्मृति की रचना की गयी है। विद्वान् मनुष्य को चाहिए कि इस धर्म शास्त्र को ज्ञान की आंख से देखे, वेद के प्रमाण से जांचकर ही अपने अनुकूल धर्म का आचरण करे। क्योंकि जो मनुष्य वेदोक्त धर्म और जो वेद के विपरीत न हो तथा स्मृति युक्त हो, ऐसे धर्म का अनुष्ठान करता है, वह इस लोक में कीर्ति और परलोक में अनुत्तम सुख को प्राप्त करता है।

श्रुति को वेद और धर्म शास्त्र को स्मृति समझना चाहिए। ये श्रुति और स्मृति शास्त्र सब बातों में तर्क न करने योग्य हैं। इसमें कही गयी बातों का तर्क से खण्डन करना उचित नहीं। ये निर्विवाद हैं और इनसे ही धर्म की उत्पत्ति हुई है।

जो द्विज इन धर्म-ग्रन्थों का तर्क-शास्त्र के आश्रय से अपमान करता है वह श्रेष्ठ जनों द्वारा बाहर निकाल देने योग्य है। क्योंकि जो वेद की निन्दा करता है वह नास्तिक है।

वेद, स्मृति, सदाचार और अपने आत्मा के ज्ञान से अवरुद्ध प्रियाचरण ये चार धर्म के लक्षण हैं, इन्हीं से धर्म की पहचान होती है।

जो पुरुष अर्थ–सुवर्ण आदि, काम–स्त्री, व्यासन आदि में नहीं फंसते उन्हीं को धर्म का ज्ञान होता है। जो धर्म के ज्ञान की इच्छा करे उनके लिए वेद द्वारा धर्म का निश्चय करना उपयुक्त है। अर्थात धर्म में वेद ही प्रमाण है। जहां वेद में दो प्रकार के आदेश हों, ऐसे स्थलों पर वे दोनों ही आदेश अथवा विधान, तुल्य बल के कारण, धर्म ही माने गये हैं। उन दोनों को भी धर्म कहा गया है।

सूर्योदय तथा सूर्यास्त के समय तथा किसी भी निर्धारित किए समय में सब स्थितियों में यज्ञ कर लेना चाहिए। इस प्रकार ये तीनों ही वैदिक वचन अर्थात ये तीनों ही धर्म हैं। गर्भाधान से आरम्भ कर अन्त्येष्टि पर्यन्त जिस कर्म को वेदोक्त मन्त्रों से विधि विधान किया गया है उस कर्म का अधिकार इस मानव धर्म शास्त्र में वर्णित है। धर्म का व्यतिक्रम करने का साहस किसी को नहीं होता। जो अकर्मी जन हैं, उनका नाश होता है।

सरस्वती और दृषदवती, इन देव नदियों के मध्यभाग में जो देश है उसको देवताओं ने बनाया है, उसको ब्रह्मावर्त कहते हैं।

उस ब्रह्मावर्त देश में परम्परा से प्राप्त जो वर्णों और आश्रमों का आचार है, उसको ही सदाचार कहते हैं।

जो इसके विरुद्ध आचरण है चाहे वह किसी कारण से भी क्यों न हो, वह, न तो स्मृतिमूलक हो सकता है, और न श्रुतिमूलक। वह असम्भव है, अत: उस पर आचरण नहीं करना चाहिए।

कुरुक्षेत्र और मत्स्य देश, पांचाल और शूरसेनक देश, यह ब्रह्मर्षि देश हैं जो ब्रह्मावर्त देश के समीप हैं।

इस देश में उत्पन्न हुए ब्राह्मण विद्वानों के सान्निध्य से पृथ्वी पर रहने वाले सब मनुष्य अपने-अपने आचरण तथा कर्तव्यों की शिक्षा ग्रहण करें।

हिमालय पर्वत और विन्ध्याचल के बीच में जो सरस्वती के, तथा पूर्व में विनशन-सरस्वती नदी के लुप्त होने के स्थान से लेकर-प्रयाग से पश्चिम तक जो देश है, उसको मध्य देश कहते हैं।

पूर्व समुद्र से प्रारम्भ कर पश्चिम समुद्र तक विद्यमान, हिमालय और विन्ध्य पर्वतों के मध्य में जो देश है उसे विद्वान लोग 'आर्यावर्त' कहते हैं।

जिस देश में कृष्णसार[1] मृग स्वाभाविक रूप से विचरण करता है वह यज्ञों से सुशोभित पवित्र देश जानना चाहिए। इससे परे जो देश हैं वह म्लेच्छ देश हैं।

द्विजजाति के लोग अर्थात् ब्राह्मण, क्षत्रिय, वैश्य ऊपर कहे गये इन देशों में प्रयत्न करके आश्रय ग्रहण करें अर्थात निवास करें, जीविका के अभाव से पीड़ित शूद्र तो जिस किसी भी देश में जाकर निवास कर सकता है।

मैंने यह धर्म की योनि और इस समस्त जगत की उत्पत्ति संक्षेप से वर्णन कर दी है, अब वर्ण धर्म को सुनो।

वैदिक जो पुण्य कर्म है उनसे ब्राह्मणादि तीन वर्णों का गर्भाधानादि शरीर-संस्कार जो दोनों लोक में पवित्र करने वाला है, करना चाहिये। गर्भकालीन संस्कार जैसे गर्भाधान, पुंसवन और सीमन्तोन्नयन, हवन युक्त संस्कारों से, जातकर्म, मुण्डन, मेखलाबन्धन आदि संस्कारों से द्विजातियों-ब्राह्मण, क्षत्रिय और वैश्यों के परम्परागत पैतृक अथवा मृतक संस्कारों से उत्पन्न होनेवाले और गर्भकाल में होनेवाले संस्कारजन्य दोष दूर हो जाते हैं।

स्वाध्याय से अर्थात् पढ़ने-पढ़ाने से, व्रत करने, से विचार करने-कराने से, नानाविध होम के अनुष्ठान करने से, यज्ञ करने से, धर्म से संतानोत्पत्ति, पहले कहे गए पंचमहायज्ञ आदि यज्ञ करने से तथा श्रेष्ठाचरण करने से यह शरीर ब्राह्मण का किया जाता है।

बालक का जातकर्म संस्कार नाभि छेदन से पहले किया जाता है और इस संस्कार में उस बालक में मन्त्रोच्चारण पूर्वक सोने की शलाका से असमान मात्रा में मधु और घी चटावे। बालक का नामकरण संस्कार तो दसवें या बारहवें दिन अथवा किसी भी शुभ हितकर तिथि एवं मुहूर्त में अथवा शुभ गुणवाले नक्षत्र में करावे।

ब्राह्मण के पत्र का नाम सुख-वाचक शब्द युक्त हो, क्षत्रिय का बल पराक्रम भावबोधक शब्दयुक्त हो तथा वैश्य का धन, ऐश्वर्य भाव-बोधक शब्द का हो और शूद्र का रक्षणीय, पालनीय आदि भावबोधक शब्द का हो। ब्राह्मण के नाम शर्मा, क्षत्रिय का

---

[1] कृष्णसार मृग उसको कहते हैं जिसका चर्म ऊपर से काला होता है। वह जिस देश में स्वभाव से उत्पन्न हो और विचरण करे वह वह देश यज्ञ-योग्य होने से श्रेष्ठ है।

रक्षासमन्वित–वर्मा आदि-वैश्य का नाम समृद्धि द्योतक यथा वसुगुप्त, धनगुप्त आदि तथा शूद्र का नाम सेवक-भाववाले यथा महीदास, धर्मदास आदि रखना चाहिए।

स्त्रियों का नाम सुख से उच्चारण करने योग्य, कोमल अर्थ और वर्णोंवाला, स्पष्ट अर्थवाला, मन को आकर्षक लगनेवाला, मंगलाभावयुक्त तथा अन्त में दीर्घ अक्षरवाला आशीर्वादात्मक शब्दोंवाला होना चाहिए।

शिशु का 'निष्क्रमण संस्कार' घर से बाहर निकालना, चौथे मास में करना चाहिए और उसका अन्नप्राशन संस्कार अर्थात् अन्न चखाना छठे मास में अथवा जब भी परिवार को अभीष्ट हो, शुभ समय जाने, उस समय करें।

सभी द्विजातियों अर्थात् ब्राह्मण, क्षत्रिय और वैश्यों को चूड़ा कर्म संस्कार धर्मानुसार, वेद वचनानुसार प्रथम अथवा तीसरे वर्ष में कराना चाहिए।

ब्राह्मण बालक का उपनयन संस्कार गर्भ से आठवें वर्ष में करें, क्षत्रिय का गर्भ से ग्यारहवें वर्ष में और वैश्य के बालक का गर्भ से बारहवें वर्ष में किया जाना चाहिए।

ब्रह्मवर्चस का अभिप्राय है ईश्वर विद्या आदि की शीघ्र एवं अधिक प्राप्ति। ब्रह्मवर्चस की कामनावाले ब्राह्मण के बालक का उपनयन पांचवें वर्ष में कर देना चाहिए। इस संसार में बलार्थी क्षत्रिय बालक, जो शीघ्र कामनावाला हो, छठे वर्ष में और इसी प्रकार शीघ्र धनैश्वर्य की कामनावाले वैश्य बालक का उपनयन संस्कार आठवें वर्ष में करा देना चाहिए।

ब्राह्मण के बालक का सोलह वर्ष तक, क्षत्रिय के बालक का बाईस वर्ष तक, वैश्य के बालक का चौबीस वर्ष तक यज्ञोपवीत का अतिक्रमण नहीं होता। विशेष स्थिति में इस आयु तक भी उपनयन संस्कार किया जा सकता है।

किन्तु निर्धारित समय पर संस्कार न होने पर, अवस्था बीतने के उपरान्त ये तीनों ही वर्ण यज्ञोपवीत से पतित हुए, श्रेष्ठ व्यक्तियों द्वारा निन्दित 'व्रात्य' अर्थात् व्रत से पतित हो जाते हैं। द्विजों में कोई भी व्यक्ति इन पतितों के साथ कभी आपात्-काल में भी नियमपूर्वक विद्याध्ययन-सम्बन्धी और विवाह-सम्बन्धी व्यवहारों को न करे।

इन तीनों द्विजाति वर्गों के ब्रह्मचारी क्रमशः कालामृग, रुरुमृग और बकरे के चर्म को बिछायें तथा सन, रेशम और ऊन के वस्त्रों को धारण करें। ब्राह्मण की मेखला मुंज की, क्षत्रिय की 'मुरा' नामक घास की और वैश्य की सन के सूत की बनी हो जो तीन लड़ों को त्रिगुण करके चिकनी बना लेनी चाहिए। यदि मूंज आदि न मिले तो क्रमशः

कुश, अश्मन्तक और बल्वज के तृणों से उसी प्रकार तीन बटोंवाली करके फिर एक गाँठ लगाकर अथवा तीन या पांच गाँठ लगाकर मेखलाएँ बनानी चाहिएं।

ब्राह्मण का यज्ञोपवीत कपास का, क्षत्रिय का सन के सूत का और वैश्य का भेड़ की ऊन के सूत का बना होना चाहिए। वह दाहिनी ओर से बायीं को बटा हुआ और तीन लड़ों से तिगुना करके बना हुआ होना चाहिए।

ब्राह्मण बेल या पलाश के, क्षत्रिय बड़ या खदिर के, वैश्य पीपल या गूलर दण्डों को नियम से धारण करें। माप के अनुसार ब्राह्मण का दण्ड केशों तक, क्षत्रिय का माथे तक बनाना चाहिए और वैश्य का नाक तक ऊंचा होना चाहिए। वे सब दण्ड सीधे, बिना गांठवाले, देखने में सुंदर, मनुष्यों को डरावने न लगनेवाले, छाल के समेत और बिना जले झुलसे होने चाहिएं।

इस प्रकार यथायोग्य दण्ड को धारण करके और सूर्य के सम्मुख खड़ा होकर अग्नि की प्रदक्षिणा करके विधि के अनुसार भिक्षा मांगे। यज्ञोपवीत व संस्कारों से दीक्षित ब्राह्मण 'भवत्' शब्द को वाक्य से पहले जोड़कर, क्षत्रिय 'भवत्' शब्द को वाक्य के बीच में लगाकर, वैश्य 'भवत्' शब्द को बाद में लगाकर भिक्षा मांगे। जैसे ब्राह्मण 'भवती भिक्षां देहि', क्षत्रिय 'भिक्षा भवती देहि' तथा वैश्य 'भिक्षा देहि भवती' इस प्रकार वाक्यों का प्रयोग करें।

इन ब्रह्मचारियों को सर्वप्रथम माता या बहन से या माता की बहिन से और जो इस भिक्षार्थी का अपमान न करे उससे भिक्षा मांगनी चाहिए।

उस भिक्षा को लाकर जितनी भी वह सामग्री हो उसको निष्कपट भाव से गुरु को अर्पण कर उन्हें तृप्त करके स्वच्छ होकर पूर्व की ओर मुख करके आचमन करके खाए। आयु के हित के लिए पूर्वाभिमुख होकर यज्ञ के अर्थ दक्षिण ओर होकर, सम्पत्ति के निमित्त पश्चिम और सत्य के लिए उत्तर की ओर मुख करके भोजन करे।

श्रुति ने द्विजों को सायं-प्रातः, दो बार भोजन की आज्ञा दी है। उन्हें चाहिए कि वे इसके मध्य में भोजन न करें। इसकी विधि अग्निहोत्र के समान है। द्विज नित्य ही आचमन करके एकाग्रमन से भोजन करे, और भोजन करके अच्छी प्रकार कुल्ला करे तथा जल से नाक, कान, नेत्र आदि इंद्रियों का स्पर्श करे। प्रतिदिन खाते हुए भोज्य पदार्थ का आदर करे, उसे निन्दा भाव से रहित होकर खाए। भोजन को देखकर मन में प्रसन्नता भरे, उसकी सदा प्रशंसा ही करे। क्योंकि आदर पूर्वक किया हुआ भोजन बल

और स्फूर्तिदायक होता है और अनादरपूर्वक किया हुआ भोजन बल और स्फूर्ति को नष्ट करता है।

किसी को अपना जूठा भोजन न दे और किसी के भोजन के बीच में स्वयं भी न खाए, ठहर-ठहरकर भोजन न करे, न अधिक भोजन करे और न भोजन करने के उपरान्त जूठे मुख से कहीं इधर-उधर जाए।

अधिक भोजन करना स्वास्थ्यनाशक, आयुनाशक, सुखनाशक, अहितकर और लोगों द्वारा निन्दित माना गया है, इसलिए अधिक भोजन की प्रवृति को छोड़ देना चाहिए।

ब्राह्मण प्रतिदिन आचमन करते समय ब्राह्मतीर्थ से अथवा कायतीर्थ से या फिर त्रैदशिक तीर्थ से आचमन करे किन्तु पितृतीर्थ से कभी आचमन न करे।

अंगूठे के मूल भाग के नीचे का स्थान ब्राह्मतीर्थ कहा गया है। अंगुलियों के मूल भाग का स्थान कायतीर्थ, अँगुलियों के अग्रभाग का स्थान देव तीर्थ और अँगुलियों और अंगूठे का मध्यवर्ती मूलं भाग का स्थान पितृतीर्थ कहा जाता है। पहले जल से तीन बार आचमन करे, उसके बाद मुख को दो बार धोये और नाक, कान, नेत्र आदि इन्द्रियों को, हृदय और सिर को भी जल से स्पर्श करे।

फेन रहित शीतल जल से पवित्र होने की इच्छा करनेवाला धर्मज्ञ एकान्त में पूर्व या उत्तर को मुख करके आचमन करे। यह आचमन का जल हृदय में पहुंचने से ब्राह्मण पवित्र होता है, कण्ठ में पहुंचने से क्षत्रिय पवित्र होता है और मुख में पहुंचने से वैश्य तथा स्पर्श मात्र से शूद्र पवित्र होता है।

दक्षिण हाथ को बाहर निकालने, बायें के ऊपर जनेऊ कर लेने से, द्विज उपवीती कहाता है। इनके विपरीत करने पर 'प्राचीन आवीती' और जनेऊ कंठ से लगा हो तो 'निवीती' कहाता है। मेखला और मृगचर्मादि तथा दण्ड, जनेऊ और कमण्डलु टूट जाये तो उनको पानी में डालकर नवीन वस्तुओं को मन्त्र पढ़कर ग्रहण करे।

ब्राह्मण का केशान्त संस्कार सोलह वर्ष में, क्षत्रिय का बाइसवें में, वैश्य का चौबीसवें वर्ष में हो जाना चाहिए।

स्त्रियों के विवाह-सम्बन्धी जो विधि है वही केवल वेदोक्त कही गई है और पति-सेवा, गुरुकुल-वास, गृहकृत्य इत्यादि सायं-प्रात:काल होम है।

यह ब्राह्मण, क्षत्रिय और वैश्य के द्वितीय जन्म को प्रकट करनेवाली कल्याणकारक उपनयन संस्कार की विधि कही गई है, अब आगे कर्तव्यों को सुनो।

शिष्य का उपनयन संस्कार करके गुरु पहले स्वच्छता से रहने की विधि, सदाचरण, सदव्यवहार, अग्निहोत्र की विधि, इसी प्रकार संध्या-उपासना की विधि सिखाए। पढ़नेवाले शिष्य को शास्त्र विधि से आचमन करके, हाथ जोड़कर, उत्तर की ओर मुख करके, हलका वस्त्र धारण कर जितेन्द्रिय होकर अध्ययन के लिए प्रवृत्त होना चाहिए।

वेद पढ़ने के आरम्भ और समाप्ति पर सदैव गुरु के चरणों को छूकर और हाथ जोड़कर नमस्कार करना चाहिए, इसे ब्रह्माञ्जलि कहा गया है। गुरु के चरणों का स्पर्श दायें हाथ से दायें पैर का और बायें हाथ से बायें पैर का, इस प्रकार हाथों को अदल-बदल करके करना चाहिए।

पढ़ाते समय गुरु को चाहिए कि सर्वदा आलस्य रहित होकर और पढ़ने वाले शिष्य को "हे शिष्य! पढ़ो" इस प्रकार कहे और "अब बस करो" यह कहकर समाप्त करे। वेद पढ़ने के आरम्भ और अन्त में सैदव 'ओं' का उच्चारण करें, आरम्भ में ओंकार का उच्चारण न करने से पढ़ा हुआ बिखर जाता है और बाद में उच्चारण न करने से पढ़ा हुआ स्थिर नहीं रहता।

पूर्वाग्र में दर्शों को बिछाकर और पवित्रों से मार्जन कर पवित्र होकर उस पर बैठे और फिर तीन बार प्राणायाम करे। इस प्रकार वह ओंकार का उच्चारण करने योग्य हो जाता है। परमात्मा ने ओम् शब्द के 'अ' 'उ' 'म्' अक्षरों को तथा 'भू' 'भुवः' 'स्वः' गायत्री मन्त्र की इन तीनों व्याहृतियों को तीनों वेदों से दुहकर साररूप निकाला है।

परमेष्ठी प्रजापति ने 'तत्' इस शब्द से आरम्भ होने वाली सावित्री ऋचा का एक-एक पाद तीनों वेदों से दुह कर सार रूप में बनाया है। इस अक्षर 'ओं' को भूः भुवः स्वः इन व्याहृतियों सहित इस गायत्री ऋचा को वेदपाठी द्विज दोनों सन्ध्याओं, प्रातः और सायं जपते हुए वेदाध्ययन के पुण्य से ही युक्त होता है।

इन त्रि अर्थात् प्रणव, व्याहृति, त्रिपादयुक्त गायत्री को सहस्रवार, ग्राम के बाहर नदी तीर पर अथवा अरण्य में, एक मास तक अपने से द्विज महापाप से भी छूट जाता है। इस गायत्री जप से रहित और सायं-प्रातः काल स्वक्रिया अर्थात् अग्निहोत्रादि से रहित ब्राह्मण, क्षत्रिय-वैश्य सज्जनों में निन्दित माना जाता है।

ओंकार से युक्त और तीन अविनाशिनी महाव्याहृतियों से युक्त त्रिपदा गायत्री को वेद का मुख कहा गया है। जो पुरुष प्रतिदिन आलस्य रहित होकर तीन वर्ष तक निरन्तर इनका जप करता है वह परब्रह्म को प्राप्त होता है, वह शरीर-बन्धन से रहित हो जाता है।

'ओ' यह एक अक्षर परब्रह्म का वाचक है और प्राणायाम बड़ा तप है तथा गायत्री से श्रेष्ठ कोई मन्त्र नहीं और मौन से सत्यभाषण श्रेष्ठ है। सम्पूर्ण अन्य क्रियाएँ नाशवान हैं परंतु कठिन-से-कठिन, जानने योग्य, प्रजापति ब्रह्म का प्रतिपादक 'ओं' अक्षर अविनाशी है।

विधियज्ञ अर्थात् वैश्वदैवादिक से जप यज्ञ दश गुणा अधिक है और वही यदि दूसरों का श्रवण में न आवे तो ऐसा जप शतगुणा अधिक माना गया है। केवल मन से जो जप किया जाये वह सहस्रगुणा अधिक माना गया है। ये जो चार वैश्वदेव, बलिकर्म, नित्यश्राद्ध अतिथिभोजन पाक यज्ञ हैं-ये सब जपयज्ञ के सोलहवें भाग को भी प्राप्त नहीं हो सकते।

जप-यज्ञ से ही ब्राह्मण सिद्धि को प्राप्त करता है, इसमें संदेह नहीं है। और अन्य कुछ करे अथवा न करे, उसको मैत्र ब्राह्मण कहा गया है। जैसे समझदार सारथि रथ के घोड़ों को नियन्त्रण में रखता है, वैसे मन और आत्मा को खोटे कामों में खींचनेवाले विषयों में विचरती हुई इन्द्रियों के निग्रह में सब प्रकार से प्रयत्न करे।

पूर्वकाल के मनीषी विद्वानों ने जो ग्यारह इन्द्रियाँ कही हैं उनको यथा क्रम से ठीक-ठीक कहता हूं-कान, त्वचा, नेत्र, जीभ और पाँचवीं नाक, तथा गदा, उपस्थ, हाथ, पैर और दशवीं वाणी। इनमें कान आदि पाँच ज्ञानेन्द्रियाँ और गुदा आदि पाँच कर्मेन्द्रियाँ कहाती हैं। ग्यारहवाँ मन है जो अपने स्तुति आदि गुणों से ज्ञानेन्द्रिय और कर्मेन्द्रिय को चलाता है। जिस मन के जीतने से, ये दोनों जीत लिए जाते हैं।

इन्द्रियों के विषयों में फँसने से जीवात्मा दोषी हो जाता है, इसमें संशय नहीं। और उन दस इन्द्रियों को वश में करके ही वह पुनः सिद्धि को प्राप्त होता है। यह निश्चय है कि जैसे अग्नि में ईंधन और घी डालने से वह बढ़ती है वैसे ही कामों के उपभोग से काम शान्त नहीं होते। अतः मनुष्य को चाहिए कि वह कामनाओं में न फंसे।

जो इन सब विषयों का उपभोग करता है और जो इन सब विषयों को छोड़ देता है उन दोनों में सम्पूर्ण कामनाओं को भोगने से छोड़ना श्रेष्ठतर है। ये विषयासक्त इन्द्रियाँ विषयों के सेवन के बिना भी उसी प्रकार नहीं जीती जा सकतीं जैसे कि विषयों के दोष के ज्ञान से।

जो विप्र दुष्टाचारी हैं उसके वेद पढ़ना, त्याग करना, संन्यास लेना, यज्ञ करना, नियम आदि से रहना, तप करना आदि कर्म सिद्ध नहीं हो सकते।

जितेन्द्रिय पुरुष वह कहलाता है कि जो अपनी स्तुति सुनकर हर्ष, निन्दा सुनकर शोक, अच्छा स्पर्श करके सुख, दुष्ट-स्पर्श से दु:ख, सुन्दर रूप देखकर प्रसन्न, दुष्ट रूप देखकर अप्रसन्न, उत्तम भोजन करके आनन्दित, निकृष्ट भोजन करके दुखित, सुगन्ध में रुचि, दुर्गन्ध में अरुचि प्रक्ट नहीं करता।

सब इन्द्रियों में यदि एक भी इन्द्रिय अपने विषय में आसक्त रहने लगे तो उसी के कारण मनुष्य की बुद्धि इस प्रकार नष्ट होने लगती है जैसे चमड़े की मशक में जरा-सा भी छिद्र होने से सारा जल निकल जाता है। दशों इन्द्रियों और ग्यारहवें मन को वश में करके युक्ताहार-विहार रूप योग से मनुष्य शरीर की रक्षा करता हुआ सब कार्यों को सिद्ध करे।

दो घड़ी रात्रि से सूर्योदय पर्यन्त प्रात: संध्या, सूर्यास्त से लेकर तारों के दर्शन पर्यन्त सायंकाल के समय भली प्रकार स्थित होकर सावित्री का जप करे। मनुष्य प्रात:कालीन संध्या में बैठकर जप करके रात्रिकालीन मानसिक मलिनता और दोषों को दूर करता है। और सायंकालीन संध्या करके दिन में किये गए पापों को नष्ट करता है।

जो मनुष्य नित्य प्रात: और सायं सन्ध्योपासना नहीं करता उसको शूद्र के समान समझकर सब प्रकार के द्विज-कर्मों से अलग कर देना चाहिए।

वन प्रदेश में एकान्त में जाकर, सावधान होकर जल के समीप स्थित होकर, नित्य कर्म को करता हुआ सावित्री अर्थात् गायत्री का जप करे।

वेद के पठन-पाठन में और नित्य के स्वाध्याय में तथा यज्ञ करने में किसी प्रकार का अनध्याय नहीं समझना चाहिए। नित्य कर्म में अनध्याय नहीं होता, क्योंकि उसको ब्रह्म यज्ञ कहा गया है। अनध्याय में भी अग्निहोत्रादि किया हुआ उत्तम कर्म पुण्यरूप ही होता है।

जो पुरुष एक वर्ष तक विधियुक्त नियम से, पवित्र होकर विधिपूर्वक स्वाध्याय करता है उसके लिए वह स्वाध्याय दूध, दही, घी और मधु को बरसाता है।

उपनयन संस्कार किया हुआ द्विज अग्निहोत्र करना, भिक्षावृत्ति करना, भूमि में शयन, गुरु की सेवा आदि यह सब क्रियाएँ समावर्तन संस्कार तक करता रहे।

अपने गुरु का पुत्र, सेवा करनेवाला, किसी भी विषय का ज्ञान देनेवाला, धर्मात्मा व्यक्ति, पवित्र, आप्त पुरुष, समर्थ, धन देनेवाला, हितैषी और अपने परिवार या सम्बन्ध का व्यक्ति, ये दश धर्म से अवश्य पढ़ाने योग्य हैं। इनको पढ़ाना कर्तव्य है।

बिना पूछे या अन्याय से पूछनेवाले को अर्थात् कपट से पूछनेवाले को या ऐसे किसी को भी उत्तर न दे। बुद्धिमान को चाहिए कि उसके सम्मुख वह जड़वत आचरण करें क्योंकि जो अधर्म से पूछता है और जो अधर्म से उत्तर देता है उनमें पूछने वाला अथवा उत्तर देनेवाला, दोनों में से एक मर जाता है या विरोध होने से दुःखी होता है।

जहां धर्म-भावना और अर्थ की प्राप्ति न हो और गुरु की अनुरूप सेवा-भावना भी न हो ऐसे को विद्या का उपदेश नहीं करना चाहिए। क्योंकि वह तो ऊसर भूमि में बीज बोने के समान है। वहां सब व्यर्थ हो जाता है।

वेद का विद्वान चाहे विद्या को अपने साथ ही लेकर मर जाये किन्तु भयंकर विपत्ति आने पर भी इस विद्या को कुपात्र में न बोए, अर्थात् अयोग्य शिष्य को विद्या न पढ़ाए।

विद्या एक बार ब्राह्मण के पास आकर बोली- 'मैं तेरी निधि हूं, मेरी रक्षा कर। मुझे उपेक्षा या निन्दा करनेवाले अथवा द्वेष करनेवाले को मत प्रदान कर। इस प्रकार करने से ही मैं वीर्यवती अर्थात् महत्त्वपूर्ण अथवा बलवती हो सकूँगी। जिसे तुम छल-कपट रहित, शुद्ध भाव से युक्त जितेन्द्रिय और ब्रह्मचारी समझो उस आलस्य रहित और इस निधि की रक्षा और वृद्धि करने में समर्थ विप्र को दे दो।" यदि कोई अन्य पढ़ा रहा हो तो बिना उसके पढ़ानेवाले की आज्ञा के बिना जो इसे सीख ले तो वह विद्या की चोरी कहलाती है। ऐसा चोर व्यक्ति नरक का भागी होता है।

जिससे लोक में काम आनेवाली जैसे-शास्त्र-विद्या, अर्थशास्त्र, समाजशास्त्र आदि अथवा वेद विषयक तथा आत्मा-परमात्मा सम्बन्धी ज्ञान प्राप्त करे। उसको पहले श्रद्धापूर्वक नमस्कार करे। जो गायत्री मात्र का जानने वाला भी जितेन्द्रिय विप्र है वह शिष्टों में मान्य है और जो तीनों वेदों को भी पढ़ा हो किन्तु अजितेन्द्रिय हो वह शिष्ट नहीं है, उससे विद्या ग्रहण न करे।

गुरुजन आदि बड़ों द्वारा प्रयोग में लाई जानेवाली शय्या, आसन, आदि पर न बैठे और यदि स्वयं अपने बिस्तर पर लेटा हो अथवा आसन पर बैठा हो तो गुरुजन आदि बड़ों के आने पर उठकर उनको प्रणाम करे। अपने पास बड़ों के आने पर छोटों के प्राण ऊपर को उभरने से लगते हैं। किन्तु उठने और नमस्कार करने से वे प्राण सामान्य स्थिति में जा जाते हैं। अर्थात् घबराहट दूर हो जाती है।

जिसका अभिवादन करने का स्वभाव है और जो नित्य विद्या अथवा अवस्था में बड़े पुरुषों की सेवा करता है उसकी आयु, कीर्ति और बल-वृद्धि करता हैं। ब्राह्मण अपने से बड़ों को नमस्कार करते हुए अभिवादनसूचक शब्द के बाद 'मैं अमुक

नामवाला हूं' ऐसा कहकर अपना परिचय दे। जो कोई इस प्रकार नमस्कार करना नहीं जानते उनका केवल "मैं नमस्कार करता हूं" ऐसा कहना ही पर्याप्त है। सम्पूर्ण मान्य स्त्रियों के लिए भी यही नियम है। अभिवादनीय पुरुष का कभी नामोच्चारण नहीं करना चाहिए। उसके लिए केवल 'भो:' शब्द पर्याप्त है। अर्थात् 'भो: मैं अमुक आपको प्रणाम करता हूं।' ऐसा ऋषियों का कहना है।

अभिवादन का उत्तर देते समय विप्र को चाहिए कि वह 'हे सौम्य! आयुष्मान् हो' ऐसा कहें और नमस्कार करनेवाले के नाम के अन्तिम अक्षर स्वर के उच्चारण को कुछ दीर्घ करे। जो ब्राह्मण अभिवादन करने के उत्तर में उचित अभिवादन करना नहीं जानता अथवा अभिवादन नहीं करता, बुद्धिमान पुरुष को चाहिए कि वह उसे नमस्कार न करे, क्योंकि वह शूद्र के समान त्याज्य है।

नमस्कार के अनन्तर ब्राह्मण का कुशल समाचार पूछना चाहिए क्षत्रिय से उसके स्वास्थ्य आदि के विषय में पूछे और वैश्य से धन आदि की सुरक्षा और आनन्द के विषय में पूछे।

दीक्षा ग्रहण किया हुआ यदि कोई अपने से छोटा भी हो तो उसे नाम लेकर नहीं पुकारना चाहिए। जो व्यक्ति व्यवहार में चतुर है उसको चाहिए कि वह अपने से छोटे व्यक्ति को भी 'भो' 'भवत्' शब्दों से ही सम्बोधित करे। जो दूसरे की पत्नी और अपने रिश्ते से सम्बन्धित न हो उसे 'भवति' 'सुभगे' 'भगिनी' आदि से सम्बोधित करें।, मातुल, पितृव्य, श्वसुर, ऋत्विज, गुरु यदि ये कनिष्ठ हो तो भी इनके आने पर उठकर उनका स्वागत-सत्कार करे। माता की बहिन अर्थात् मौसी, मामी, सास और बुआ ये सब गुरुभार्या के तुल्य हैं उनके साथ वैसा ही व्यवहार करना चाहिए। भ्राता की पत्नी अर्थात भाभी तथा माता-पिता के पक्ष की जो भी स्त्रियाँ हैं, परदेश से आने पर उनको नमस्कार करे।

बुआ, मौसी, बड़ी बहिन इनका माता के समान आदर करना चाहिए किन्तु माता उनसे श्रेष्ठ है। एक ही नगर के निवासी यदि कोई दस वर्ष बड़ा भी है तो वह सखा समान है, संगीत आदि कला का जाननेवाला पाँच वर्ष बड़ा होने पर सखा के समान है, क्षत्रियों में तीन वर्ष की ज्येष्ठता और अपने जाति-बान्धवों में थोड़े दिनों की ज्येष्ठता में सख्य भाव होता है। दस वर्ष का ब्राह्मण और सौ वर्ष का क्षत्रिय हो तो पिता-पुत्र के समान जाने अर्थात् ब्राह्मण उनमें पिता के समान पूज्य है।

एक धन, दूसरे पितृव्यादि बन्धु, तीसरी आयु, चौथा उत्तम कर्म और पाँचवीं विद्या-ये पाँच मान्य के स्थान हैं। इनमें उत्तरोत्तर एक से एक अधिक है। जैसे धन से अधिक

बन्धु, उससे अधिक आयु आदि। ब्राह्मण, क्षत्रिय और वैश्यों में परस्पर उक्त पाँच गुणों में से जिनमें अधिक गुण हों समाज में वह कम गुणवालों के द्वारा सम्मान करने योग्य है तथा दशवीं अवस्था अर्थात् नब्बे वर्ष से अधिक आयुवाला शूद्र भी माननीय है।

रथ, गाड़ी आदि में बैठे हुए, नब्बे वर्ष से अधिक आयुवाले, रोगी, बोझ उठाए हुए, स्त्री, स्नातक को, राजा को तथा दूल्हे को पहले रास्ता दे देना चाहिए। इन सबके एकत्रित होने पर स्नातक और राजा सबके सम्मान के योग्य है और राजा तथा स्नातक में भी स्नातक ही राजा के द्वारा सम्मान पाने योग्य है।

जो द्विज शिष्य का उपनयन करके कल्पसूत्र और वेदान्त सहित उसको वेद पढ़ाता है। उसको आचार्य कहते हैं। जो जीविका के लिए वेद के किसी एक भाग को या फिर वेदांग-शिक्षा, कल्प, व्याकरण, निरुक्त, छन्दशास्त्र और ज्योतिष को पढ़ाता है वह उपाध्याय कहलाता है। जो विधि के अनुसार संस्कारों को कराता है तथा अन्नादि भोज्य पदार्थों द्वारा बालक का पालन-पोषण करता है वह ब्राह्मण गुरु कहलाता है। किसी के वरण किए जाने पर उसके अग्निहोत्र, अणिमा, अमावस्या आदि विशेष उपलक्ष्य पर किए जानेवाले यज्ञ और अग्निष्टोम आदि यज्ञों को जो कराता है उस वरण करनेवाले को ऋत्विक् कहते हैं।

जो ब्राह्मण दोनों कानों को वेद-ज्ञान द्वारा भरता है, उसे माता-पिता समझना चाहिए और उसके साथ कभी द्रोह नहीं करना चाहिए। दस उपाध्यायों के तुल्य बड़ाई एक आचार्य में और सौ आचार्यों के समान पिता में और पिता से भी हजार गुणा माता में बड़ाई होती है। उत्पन्न करनेवाले पिता और वेद-ज्ञान देने वाले पिता में वेद-ज्ञान देनेवाला पिता ही अधिक बड़ा है। क्योंकि द्विज का वह जन्म ही इस जन्म और पर-जन्म में स्थिर रहनेवाला है।

माता और पिता जो, बालक को मिलकर उत्पन्न करते हैं वह सन्तान प्राप्ति की कामना से करते हैं। वह, जो माता के गर्भ से उत्पन्न होता है, उसका वह साधारण रूप से जन्म प्रकट होना मात्र है, परन्तु वेद में पारंगत आचार्य विधिपूर्वक उपनयन संस्कार से उसकी जाति को बनाता है, वही इसकी वास्तविक जाति है जो अजर-अमर है।

जो जिसको थोड़ा या बहुत वेदाध्ययन कराके उपकार करता है उसको भी इस संसार में उस विद्या पढ़ाने के उपकार के कारण 'गुरु' जानना चाहिए। वेदाध्यापन रूप से जन्म दिया है जिसने और अपने धर्म का जिसने उपदेश दिया है, ऐसा विद्वान बालक होने पर भी धर्म से शिक्षा को प्राप्त करनेवाले दीर्घायु व्यक्ति का पिता समान ही होता है।

अंगिरस मुनि के विद्वान पुत्र ने अपने पिता के समान चाचा आदि पितरों को पढ़ाया। उसको ज्ञान देने के कारण उन्होंने उनको 'हे पुत्रो' इस प्रकार सम्बोधित किया। इस सम्बोधन के सुनने पर क्रोध के कारण उन पितृव्यों ने देवताओं से जाकर उस 'पुत्र' सम्बोधन के औचित्य को पूछा तो सब देवताओं और विद्वानों ने एक मत होकर उनसे कहा कि बालक आंगिरस ने तुम्हारे लिए 'पुत्र' सम्बोधन उचित ही किया है।

अज्ञानी बालक के समान है। चाहे वह सौ वर्ष का ही क्यों न हो। और जो मन्त्र देनेवाला है, ज्ञान देनेवाला है, वह बालक होने पर भी पिता के तुल्य है। इसलिए अज्ञानी को बालक और मन्त्र देनेवाले को पिता कहते हैं। न बहुत आयु से, न श्वेत केशों से, न द्रव्य से और न नाते में बड़ा होने से बड़ा होता है। किन्तु ऋषियों का यही नियम है कि हमारे मध्य में जो विद्या में बड़ा है वही बड़ा है।

ब्राह्मणों का ज्ञान से, क्षत्रियों का बल से, वैश्यों का धन-धान्य से और शूद्रों का अधिक आयु से बड़प्पन माना जाता है। शिर के केश श्वेत होने से वृद्ध नहीं होता, किन्तु युवा भी यदि सुपठित है तो उसको विद्वानों ने वृद्ध माना है।

जिस प्रकार काष्ठ का हाथी और चमड़े का मृग है, वैसे बिना पढ़ा हुआ। विप्र वे तीनों नाम मात्र धारण करते है। जैसे स्त्रियों में नपुंसक निष्फल है, जैसे गायों में गाय निष्फल है और जैसे अज्ञानी व्यक्ति को दान देना निष्फल है वैसे ही वेद न पढ़ा हुआ ब्राह्मण निष्फल है।

हिंसा अथवा वैर बुद्धि छोड़कर सब मनुष्यों के कल्याण के मार्ग का उपदेश करे और उपदेश करनेवाले को चाहिए कि वह मधुर और शिष्ट वाणी बोले तथा धर्म की उन्नति चाहनेवाले को सदा सत्य का ही उपदेश करना चाहिए। जिस मनुष्य के वाणी और मन सदा शुद्ध तथा सुरक्षित रहते हैं वही वेदान्त में यथार्थ फल का प्राप्तकर्ता है।

अत्यन्त दु:खी होने पर भी किसी दूसरे को कष्ट न पहुँचावे, न दूसरे के प्रति अपने मन में द्वेष भाव ही लाए। मनुष्य के जिस वचन से कोई दुखित हो ऐसी अनुचित वाणी नहीं बोलनी चाहिए। ब्राह्मण को चाहिए कि वह सम्मान से विष के समान डरे और अपमान की सदा अमृत के समान आकांक्षा करें। दूसरे से अपमान किए जाने पर भी खेद न करता हुआ पुरुष सुखपूर्वक सोता और सुख पूर्वक रहता है। जो व्यक्ति अपमान से व्यथित रहता है वह विनाश को प्राप्त होता है।

ऊपर कहे गए निर्देशों के अनुसार संस्कार किया हुआ द्विज गुरु के समीप रहते हुए धीरे-धीरे वेदार्थ के ज्ञानरूप उत्तम तप को बढ़ाते चले जाएँ।

शास्त्रों में लिखे गए विशेष तपों और विविध व्रतों का पालन करते हुए द्विजमात्र को सम्पूर्ण वेद-ज्ञान रहस्य पूर्वक अध्ययन करके प्राप्त करना चाहिए। ब्राह्मणों में उत्तम पुरुष सब समय तप करता हुआ वेद का अभ्यास करे। इस संसार में ब्राह्मण को वेदाभ्यास करना ही परम तप कहा गया है। जो ब्राह्मण माला धारण करके अर्थात् गृहस्थ होकर भी प्रतिदिन अधिकाधिक प्रयत्न करके वेदों का अध्ययन करता है वह निश्चित ही नखशिख तक श्रेष्ठ तप करता हैं।

जो द्विज वेद को पढ़कर अन्य किसी में श्रम करता है वह जीवित ही अपने वंश के सहित शीघ्र ही शूद्रता को प्राप्त होता है। द्विज के तीन जन्म माने हैं। प्रथम माता से, दूसरे मौजीबन्धन से और तीसरे यज्ञ की दीक्षा से। इन तीन जन्मों में वेदाध्ययन के लिए जो उपनयन संस्कार रूप जन्म है उसमें बालक की माता सावित्री और पिता आचार्य कहलाते हैं। वेद के ज्ञान देने से आचार्य पिता कहलाते हैं। उस बालक की मौजी बन्धन से पूर्व कोई क्रिया ठीक नहीं है। उससे पूर्व वेद का उच्चारण न करावे, परन्तु मृतक संस्कार में वेद मन्त्रों का उच्चारण वर्जित नहीं है। जब तक वेद में जन्म नहीं हुआ तब तक वह शूद्र के सामान ही है। गुरुकुल में रहते हुए ब्रह्मचारी, अपनी सभी इन्द्रियों को वश में करके अपने तप की वृद्धि के लिए आगे वर्णित नियमों का पालन करे। नित्य स्नान कर देव, ऋषि और पितृ पुरुषों को तर्पण देकर उन्हें सन्तुष्ट कर परमात्मा की उपासना तथा होम आदि करे। ब्रह्मचारी को चाहिए कि वह मधु, मांस, गंध, माला, रस स्त्री-पुरुष का संग, सभी प्रकार की खटाइयों की और प्राणियों पर हिंसा त्याग कर दे।

अंगों का मर्दन, आंखों में अंजन, जूते और छत्र का धारण, काम, क्रोध, लोभ आदि और नाचना तथा गाना इनको भी छोड़ दे। जुआ, विवाद, निन्दा, झूठ, स्त्रियों का दर्शन, और उनका आश्रय, दूसरों को हानि पहुंचाना आदि कुकर्मों को छोड़ दे। सर्वदा और सर्वत्र एकाकी सोये, कभी वीर्य स्खलित न होने दे। यदि कामवश वीर्य-स्खलित कर दे तो जानों कि उसने अपने ब्रह्मचर्य व्रत का नाश कर दिया है। स्वप्न में द्विज ब्रह्मचारी का यदि बिना इच्छा के शुक्राणु गिर जाय तो स्नान कर परमात्मा का पूजन करके वेद के अध्ययन में मन लगाए।

पानी का घड़ा, फूल, गोबर, मिट्टी, कुशा आदि जितनी आवश्यकता है, उतना ही संग्रह करे और भिक्षा भी प्रतिदिन करे, एक बार करके संग्रह न करे। गुरु के परिवार में भिक्षा न मांगे, सम्बन्धियों के परिवारों तथा मित्रों, धनिकों में भी भिक्षा न मांगे। अन्य घरों से यदि भिक्षा न मिले तो पूर्व-पूर्व घरों को छोड़ते हुए भिक्षा प्राप्त कर ले। अर्थात्

पहले मित्रों अथवा परिचितों के घरों से भिक्षा मांगे, यदि वहां न मिले तो फिर सम्बन्धियों से, वहां भी न मिले तो फिर गुरु के परिवार से भिक्षा मांगे।

ब्रह्मचारी अपने कर्तव्यों का पालन करने में सावधान रहनेवालों और वेदाध्ययन तथा पंचमहायज्ञों से जो हीन नहीं है ऐसे श्रेष्ठ व्यक्तियों के घरों से प्रतिदिन प्रयत्नपूर्वक भिक्षा ग्रहण करे।

पहले जिन घरों का वर्णन किया गया है यदि वहां भिक्षा न मिले तो सारे ही गाँव में भिक्षा मांग ले किन्तु प्रयत्नपूर्वक अपनी वाणी को नियंत्रण में रखता हुआ महापापी घरों से भिक्षा न मांगे।

दूर वन से समिधायें लाकर उन्हें उचित स्थान पर रखकर आलस्यरहित होकर नित्य सायं-प्रात: अग्निहोत्र करे। यदि बिना रोगादि बाधा के ब्रह्मचारी सात दिन भिक्षा-वृत्ति न करे और अग्निहोत्र न करे तो उसको प्रायश्चित्त करना होता है।

भिक्षा का अन्न न तो परपाक है, न प्रतिग्रह है किन्तु सोमपान के तुल्य है। इसलिए भिक्षा के अन्न से वृत्ति करे। भिक्षा का अन्न शास्त्र विहित, शुद्ध प्रोक्षित बहुत हो तो उसके जितने ग्रास खाता है उतने यज्ञों का फल खानेवाले को जो पुण्य होता है वह उसको भी होता है। देवतोद्देश में निमन्त्रित ब्रह्मचारी व्रतवत भोजन करे तो उसका व्रत लुप्त नहीं होता तथा जीवित पितृनिमित्तक श्रद्धादि में मुन्यन्नों के ऋषितुल्य भोजन करने से भी व्रत नहीं होते। मनीषियों ने यह कर्म ब्राह्मण ब्रह्मचारी के लिए ही कहे हैं क्षत्रिय आदि के लिए नहीं।

गुरु के द्वारा प्रेरणा पाने पर अथवा बिना प्रेरणा पाये भी प्रतिदिन पढ़ने में और गुरु के हित की बातों में यत्न करे। गुरु के सामने शरीर, वाणी, ज्ञानेन्द्रियों और मन को भी वश में करके गुरु के सामने देखता हुआ हाथ जोड़कर खड़ा होवे।

ओढ़ने के वस्त्र से दाँया हाथ नित्य बाहर निकालकर रह, सभ्य आचारण रखे, संयमपूर्वक रहे, गुरु के द्वारा 'बैठो' कहने पर ही गुरु की ओर मुख करके बैठे। गुरु के समीप रहते हुए सदा अन्न, वस्त्र, वेशभूषा, सब गुरु से सामान्य रखे और गुरु के जागने से पहले जागे तथा बाद में सोये।

गुरु की बात का उत्तर देना अथवा बातचीत करना ये लेटे हुए न करे। अभिप्राय यह कि गुरु का आदर करते हुए उनके सम्मुख सदा उठकर बात करे, बैठे-बैठे भी नहीं और कुछ खाते हुए भी तथा न दूर खड़े होकर ही, या फिर मुँह फेरकर इस प्रकार न

गुरु की बात का उत्तर दे और न उनसे बात करे। बैठे हुए गुरु से खड़े होकर खड़े हुए गुरु के सामने जाकर और यदि गुरु अपनी ओर आ रहे हों तो स्वयं उनकी ओर जाकर, यदि चल रहे हों तो उनके पीछे चलकर उनकी बात सुने और बात करे। गुरु यदि मुँह फेरे हों तो उनके सामने होकर और यदि दूर खड़े हों तो पास जाकर, यदि लेटे हों तो नमस्कार करके और खड़े हों तो समीप जाकर, हाथ जोड़कर, बातचीत करें।

गुरु के सम्मुख शिष्य का बिछौना अथवा आसन सदा नीचे रहना चाहिए तथा गुरु के पास मनमानी करके उठना-बैठना नहीं चाहिए। अपने गुरु का नाम प्रत्यक्ष अथवा परोक्ष में भी कभी न ले। गुरु की चाल तथा वाणी और अन्य चेष्टाओं की कभी नकल न करे। जहां गुरु की निन्दा अथवा बुराई हो रही हो वहाँ अपने कान बन्द कर लेने चाहिए अथवा उस स्थान से उठकर अन्यत्र चले जाना चाहिए। जो गुरु की निन्दा सुनता है उसका अगला जन्म गधे का होता है। और जो गुरु की निन्दा करता है वह कुत्ते की योनि में जन्म लेता है। जो गुरु का द्रव्य लेता है और जो मत्सरता करता है उसका जन्म कीट-पतंगे का होता है।

गुरु की अभ्यर्थना दूर से नहीं करनी चाहिए। जब वे क्रोध में हों अथवा अपनी स्त्री के पास बैठे हों तो उस समय अभिवादन नहीं करना चाहिए। यदि किसी सवारी पर बैठे हों अथवा आसन पर बैठे हों तो सवारी से उतरकर अथवा आसन से उठकर गुरु का अभिवादन करे। गुरु की ओर से यदि हवा आती हो अथवा शिष्य की ओर से गुरु की ओर हवा जाती हो, उस अवस्था में शिष्य को चाहिए कि उस स्थान से उठ जाये। जहां गुरु को ठीक से न सुनाई दे उस स्थान पर गुरु से बात नहीं करनी चाहिए।

घोड़ा, बैल अथवा ऊंट गाड़ी में, मकान की छत पर, पुआल बिछाकर, चटाई बिछाकर अथवा पत्थर पर, लकड़ी की बड़ी चौकियों पर अथवा नाव में गुरु के साथ बैठने में हानि नहीं।

गुरु के भी गुरु यदि समीप आ जायें तो उनसे भी गुरु के समान ही आचरण करे और अपने माता-पिता तथा गुरुजनों के आने पर गुरु से आदेश पाए बिना अभिवादन न करे अर्थात् शिष्टता के नाते गुरु से आज्ञा ले लेनी चाहिए। विद्या पढ़ानेवाले सभी गुरुओं में अपने वंशवाले सभी बड़ों और अधर्म से हटकर धर्म का उपदेश करनेवालों में से सदैव यही बर्ताव करे।

जो शिष्य युवावस्था को प्राप्त कर चुका है ऐसे शिष्य को युवती गुरु-पत्नी के चरणस्पर्श करके अभिवादन नहीं करना चाहिए। इस संसार में स्वभाव ही है कि स्त्री-

पुरुषों के परस्पर संसर्ग से दोष लगने की सम्भावना बनी ही रहती है। अतः बुद्धिमान व्यक्ति को चाहिए कि स्त्रियों के साथ व्यवहार में सावधान रहे। स्त्रियां काम और क्रोध से वशीभूत होनेवाले अविद्वान् को अथवा विद्वान् व्यक्ति को भी उसके मार्ग से उखाड़ने में ही समर्थ होती है। माता, बहिन अथवा पुत्री के साथ भी एकान्त आसन पर न बैठे क्योंकि विवेकी व्यक्ति को भी शक्तिशाली इन्द्रियाँ खींचकर अपने वश में कर सकती हैं। इसलिए उपयुक्त यही है कि युवक शिष्य युवा गुरु-पत्नी को दूर से ही अपना नाम लेकर भूमि स्पर्श करके अभिवादन करे।

श्रेष्ठजनों के धर्म का स्मरण करते हुए गुरुपत्नियों को प्रतिदिन अभिवादन करे और परदेश से लौटकर चरणस्पर्श कर अभिवादन करे।

जिस प्रकार फावड़े से खोदता हुआ मनुष्य जल को प्राप्त करता है वैसे ही गुरु की सेवा करनेवाला मनुष्य ने जो विद्या प्राप्त की है उसको प्राप्त होता है। ब्रह्मचारी यदि चाहे तो मुण्डित रहे अथवा पूरे केश रखे, या फिर शिखा रखकर रहे। ब्रह्मचारी को किसी अन्य स्थान पर रहते हुए न तो सूर्य अस्त होना चाहिए और न उदित होना चाहिए। यदि उसकी इच्छानुसार सोते हुए सूर्य का उदय हो जाये अथवा अनजाने में या प्रमाद के कारण सूर्य अस्त हो जाये तो प्रायश्चित्त स्वरूप दिन भर गायत्री का जप करता हुआ उपवास करे। जो इस प्रकार प्रायश्चित्त नहीं करता वह अपराध का भागी बनता है।

ब्रह्मचारी को नित्य प्रातः सायं शुद्ध स्थान पर गायत्री का जप करते हुए उपासना करनी चाहिए। यदि स्त्री या शूद्र कोई श्रेष्ठ कार्य करें तो उनसे शिक्षा ग्रहण कर उस पर आचरण करे। श्रद्धायुक्त होता हुआ, उत्तम विद्या शूद्र से भी ग्रहण करें, चाण्डाल से भी धर्म ग्रहण कर-ले और स्त्री-रत्न, अपने से निम्न कुल से भी ग्रहण कर ले।

विष से भी अमृत ग्रहण करना चाहिए, बालक से भी हितकारी वचन ग्रहण करने चाहिए, शत्रु से भी अच्छा कर्म और अशुद्ध स्थान से भी स्वर्ण ले लेना चाहिए। उत्तम स्त्री, रत्न, विद्या, शौच, अच्छे वचन और अनेक प्रकार की शिल्प विद्या सबसे ग्रहण करने योग्य है।

आपत्ति काल में क्षत्रिय आदि से भी विद्या ग्रहण कर लेनी चाहिए और शिष्य जब तक पढ़े तब तक गुरु की आज्ञा पालन करता हुआ उनकी सेवा करे। शिष्य को चाहिए कि वह अब्राह्मण गुरु के यहाँ अथवा सांगोपांग वेदों को जाननेवाले ब्राह्मण गुरु के

समीप भी आजीवन निवास न करे। यदि ब्रह्मचारी शिष्य आजीवन गुरुकुल में निवास करना चाहे तो शरीरान्त तक प्रयत्न पूर्वक गुरु की सेवा करे। ऐसे सेवाभावी शिष्य को अनायास मोक्ष प्राप्त होता है। स्नातक बनने पर धर्म को जाननेवाले शिष्य को चाहिए कि वह गुरु की आज्ञा प्राप्त कर समापवर्तन के समय दक्षिणा में गुरु को भूमि, अश्व, गाय, सोना, छाता, जूता, आसन, अन्य वस्त्र आदि श्रद्धापूर्वक समर्पण करे।

गुरु की मृत्यु होने पर गुरु के योग्य पुत्र, गुरुपत्नी अथवा गुरु के वंश में योग्य व्यक्ति को अपना कर्तव्य समझकर दक्षिणा दे, उन्हें गुरु तुल्य मानता रहे।

जो ब्राह्मण इस प्रकार अखण्डित रूप से ब्रह्मचर्य व्रत का पालन करता है वह ब्रह्म पद को प्राप्त कर लेता है और वह जन्म-मरण के चक्र से मुक्त हो जाता है।

तृतीय अध्याय

समावर्तन विवाह आदि संस्कार

ब्रह्मचारी को गुरु की सेवा में रहते हुए ज्ञान, कर्म और उपासना रूपी ऋग्वेद, यजुर्वेद, सामवेद का छत्तीस वर्ष, या अठारह वर्ष या नौ वर्ष या जितने समय तक भी हो अध्ययन करता हुआ ब्रह्मचर्य का पालन करना चाहिए। क्रमशः चार, तीन, दो अथवा एक ही वेद को भली प्रकार पढ़कर फिर गृहस्थ जीवन में प्रविष्ट हो।

पिता रूपी आचार्य से वेदरूपी दायभाग पाते हुए प्रथम आचार्य का गोदान से सत्कार करे। ब्रह्मचर्य और विद्या को यथावत ग्रहण कर गुरु की आज्ञा से अपने वर्ण की उत्तम लक्षण युक्त स्त्री से विवाह करे। जो स्त्री माता की छः पीढ़ी और पिता के गौत्र की न हो वही विवाह के लिए उत्तम है। आगे जिन दस कुलों का वर्णन किया जा रहा है उन कुलों की कन्यायें भले ही गौ, धन आदि से सुसम्पन्न क्यों न हों उनसे कभी विवाह न करे-

उत्तमक्रिया से हीन, उत्तम पुरुष हीन, विद्वान हीन, शरीर पर बड़े-बड़े लोमों वाला, बवासीर युक्त, राजयक्ष्मा युक्त, आमाशय रोग युक्त, मिर्गी-रोग युक्त, श्वेतकुष्ठयुक्त, और जिसमें गलित कुष्ठ हो ऐसे कुलों की कन्या अथवा पुरुष से विवाह नहीं करना चाहिए। पीले रंगवाली, अधिक अंग वाली, रोगिणी; बिना बालों वाली, बहुत बालोंवाली, व्यर्थ बोलनेवाली, पीले वर्णवाली, नक्षत्र, नदी, वृक्ष, पर्वत, पक्षी, सर्प, दासी अथवा भीषण नामवाली कन्या से विवाह न करे।

सुन्दर अंगवाली, सुन्दर नामवाली, हंस अथवा हथिनी के तुल्य जिसकी चाल हो, जिसके रोम सूक्ष्म हो, दांत और केश सुन्दर हो, कोमलांगी हो, ऐसी स्त्री से विवाह करना चाहिए।

जिसका भाई न हो, जिसके पिता का पता न लगे-ऐसी कन्या से विवाह वर्जित है। सर्वप्रथम अपने वर्ण की स्त्री से ही विवाह करना चाहिए। फिर क्रमशः निम्न वर्णवाली से भी कर सकता है, अपने से उच्च वर्ण की कन्या से भी विवाह वर्जित है, किन्तु ब्राह्मण-क्षत्रिय को आपातकाल में भी शूद्र-कन्या को भार्या नहीं बनाना चाहिए। हीनवर्ण कन्या से विवाह करने पर सन्तान समेत वह हीन वर्ण का हो जाता है। शूद्रा की शय्या

पर आरोहण करने से ब्राह्मण नीच गति को प्राप्त होता है। शूद्रा भार्या के साथ किए गए होम, श्राद्ध आदि कर्म देवता और पितरों को प्राप्त नहीं होते।

अब संक्षेप में चारों वर्गों के लिए इस लोक और परलोक में हित-साधन करनेवाले आठ प्रकार के विवाहों का वर्णन किया जाता है। वे हैं-

ब्रह्म, देव, आर्ष, प्रजापत्य, आसुन, गान्धर्व, राक्षस और सबसे निन्दित पैशाच। जो जिस वर्ण के योग्य तथा जिसमें जो गुण-दोष हैं वह भी बताये जाते हैं। ब्राह्मण को प्रथम छः विवाह, क्षत्रिय को प्रथम चार विवाह, इसी प्रकार वैश्य शूद्र को भी यही चार विवाह ठीक-ठीक कहे गये हैं। राक्षस विवाह किसी के लिए भी योग्य नहीं है। ब्राह्मण के लिए पहले चार विवाह ही उत्तम हैं।

प्रथम पाँच विवाहों में तीन धर्मयुक्त हैं, दो अधर्मयुक्त और आसुर और पैशाच कभी न करने योग्य हैं। किन्तु गान्धर्व और राक्षस विवाह क्षत्रियों के लिए परिस्थिति आने पर कभी धर्म-सम्बन्धी हो सकते हैं।

विद्यायुक्त शीलवान वर को बुलाकर वस्त्राभूषण आदि से सत्कृत करके जो कन्यादान किया जाता है उसे 'ब्रह्म' विवाह कहते हैं। अच्छे प्रकार के यज्ञ कराने वाले ऋत्विज वर को वस्त्राभूषण से अलंकृत कर जो कन्यादान किया जाता है उसे 'देव' विवाह कहते हैं। एक गाय अथवा बैल का जोड़ा या दो जोड़ वर से लेकर धर्मपूर्वक कन्यादान करना 'आर्ष' विवाह कहा जाता है। कन्या और वर को यज्ञशाला में विधि पूर्वक सबके सामने "तुम दोनों मिलकर गृहस्थी धर्म का पालन करो" ऐसा कहकर जो कन्या का दान किया जाता है उसे 'प्रजापत्य' विवाह कहते हैं। वर की जातिवालों को और कन्या को यथाशक्ति धन देकर अपनी इच्छा से जो कन्या का दान किया जाता है वह 'आसुर' विवाह कहलाता है। अपनी इच्छा से वर कन्या का मिलाप होना और अपने मन में यह मानकर कि हम दोनों पति-पत्नी हैं इस प्रकार मैथुन्य विवाह को 'गान्धर्व' विवाह कहते हैं। मारकर, विदारण कर, गाली देती, रोती हुई कन्या को घर से बलपूर्वक हरण करके विवाह करना 'राक्षस' विवाह कहा जाता है। सोई हुई, पागल, नशे में चूर, कन्या को एकान्त में पाकर दूषित कर देना, यह सब विवाहों में नीच, दुष्ट, पाप का मूल 'पैशाच' विवाह कहलाता है।

इन आठ विवाहों में प्रथम चार विवाह को उत्तम बताया गया है तथा इन विवाहों से जो सन्तान उत्पन्न होती है वह भी गुणकारी मानी गई है। ब्रह्मा आदि चार विवाहों में ही

क्रम से ऐसे पुत्र उत्पन्न होते हैं जो ब्रह्मतेजस्वी और आप्त पुरुषों की संगति से उत्तम होते हैं। ये सन्तति, रूपवान, पराक्रमी, गुणवान, धनवान, यशस्वी, पूर्ण भोग के भोक्ता, धर्मात्मा होकर सौ वर्ष तक जीते हैं।

अन्य जो चार विवाह हैं उनसे उत्पन्न सन्तति नृशंस, झूठ बोलनेवाली, धर्मद्रोही और नीच स्वभाव वाले होते हैं। अच्छे विवाहों से अच्छी और बुरे विवाहों से बुरी सन्तति उत्पन्न होती है, इसलिए निन्दित विवाहों को त्याग देना चाहिए।

पुरुष को चाहिए कि केवल ऋतुकाल में अपनी स्त्री के साथ ही समागम करे और दूसरी स्त्री का सर्वदा त्याग करे। स्त्रियों का स्वाभाविक ऋतुकाल सोलह रात्रि का है। उनमें से प्रथम चार रात्रि वर्जित है। उसी प्रकार ग्यारहवीं और तेरहवीं रात्रि भी वर्जित बतायी गई है। शेष दस रात्रि श्रेष्ठ मानी गई हैं। उन दसों में भी सम संख्या की रात्रि में समागम करने से पुत्र उत्पन्न होता है और विषम में करने से कन्या उत्पन्न होती है।

पुरुष का वीर्य अधिक होने से पुत्र और स्त्री का आर्तव अधिक होने से कन्या, दोनों के समान होने से बन्ध्या अथवा, क्षीणा और अल्प वीर्य से गर्भ का न रहना अथवा गिर जाना होता है।

जो पूर्व निन्दित आठ रात्रियों में स्त्री का संग छोड़ देता है वह गृहस्थाश्रम में रहता हुआ भी ब्रह्मचारी ही कहलाता है।

बुद्धिमान पिता को चाहिए कि वह कन्या का अल्प द्रव्य भी ग्रहण न करे। स्त्री धन या मान या वस्त्र को जो ग्रहण करता है। वह पाप का भागी होता है। कन्याओं को पूज्य माना गया है। पिता, भ्राता, पति और देवर को चाहिए कि अपनी कन्या, बहिन, स्त्री और भाभी आदि स्त्रियों की सदा पूजा करे, कभी किसी स्त्री को क्लेश नहीं देना चाहिए।

जिस कुल में नारियों का पूजा-सत्कार होता है उस कुल में देवताओं का वास होता है किन्तु जिस कुल में स्त्रियों की पूजा नहीं होती वहाँ उनकी सब क्रियाएँ निष्फल ही सिद्ध होती है।

जिस कुल की स्त्रियां अपने पति आदि के कारण शोकाकुल रहती हैं वह कुल शीघ्र ही नाश को प्राप्त होता है। और जहां वे प्रसन्न रहती हैं, किसी प्रकार का शोक नहीं करती वह कुछ वृद्धि करता रहता है। जिस कुल में अपूजित होकर स्त्रियाँ उनको शाप देती हैं वे कुल तथा गृहस्थ, कृत्या से मारे सब ओर से नाश को प्राप्त होते है।

इसलिए जो लोग अपने ऐश्वर्य की कामना करते हैं उनको चाहिए कि वे सत्कार के अवसरों तथा उत्सवों में भूषण, वस्त्र, खान-पान आदि से उनको सदा प्रसन्न रखें। जिस कुल में भार्या से सन्तुष्ट भर्ता और पति से प्रसन्न पत्नी रहती है उस कुल का कल्याण होता है, इसमें सन्देह नहीं।

यदि स्त्री-पुरुष पर रुचि न रखे अथवा पुरुष को प्रसन्न न करे तो अप्रसन्नता से पुरुष के शरीर में कामोत्पत्ति न होने से सन्तानोत्पति नहीं होती। इसी प्रकार जो पुरुष स्त्री को प्रसन्न नहीं करता उस स्त्री के अप्रसन्न रहने में सब कुल अप्रसन्न, शोकातुर रहता है और जब पुरुष से स्त्री प्रसन्न रहती है तो उस कुल में सदा आनन्द रहता है।

कुविवाह से, कर्म के लोप से, वेद न पढ़ने और ब्राह्मणों को न मानने से कुल नष्ट हो जाते हैं। केवल शूद्र सन्तानों से, गाय, घोड़े और सवारियों से, खेती और राजा की नीची नौकरी से, चाण्डाल आदि को यज्ञ कराने, श्रोत-स्मार्त कर्मों की अश्रद्धा से, वेद पाठहीन होने से भी कुल नाश को प्राप्त होते है।

वेदों से समृद्ध कुल चाहे अल्प धनवाले हों परन्तु कुल की गिनती में गिने जाते हैं और बड़े यश को धारण करते हैं :

गृहस्थ पुरुष गृहस्थ रूपी अग्नि में गृहस्थ के सभी कर्तव्यों का उचित रीति से पालन करे। बलिवेश्वदेव आदि सभी यज्ञ कर्मों को करता हुआ प्रतिदिन भोग लगाए। चूल्हा, चक्की, झाडू, ओखली और पानी का घड़ा गृहस्थों के लिए, पाँच हिंसा के स्थान हैं। इनका प्रयोग करता हुआ गृहस्थ पाप से बंध जाता है। उन पापों से क्रमशः मुक्ति के लिए गृहस्थ लोगों को प्रतिदिन करने के लिए पाँच महायज्ञों का विधान किया है। वे यज्ञ हैं, पढ़ना-पढ़ाना-ब्रह्मयज्ञ, माता-पिता की सेवा-पितृयज्ञ, हवन आदि दैव यज्ञ, कीट, पतंग, कुत्ता, बिल्ली, कोढ़ी, नौकर आदि को भोजन-भूतयज्ञ और अतिथियों को भोजन आदि देना-नृयज्ञ अथवा अतिथि यज्ञ कहलाता है।

जो इन पाँच यज्ञों को यथाशक्ति करता है वह गृहस्थी में रहता हुआ भी हिंसा दोषों से मुक्त माना जाता है। देवता, अतिथि, नौकर-चाकर, माता-पिता और अपनी आत्मा को जो तृप्त नहीं करता वह जीवित ही मृतक के सामान है।

इन पाँच यज्ञों को अहुत, हुत, प्रहुत, ब्रह्महुत और प्राशित भी कहते हैं। अहुत-जप, हुत-होम, प्रहुत-भूतबलि, ब्रह्महुत-ब्राह्मण की सेवा तथा प्राशित-माता-पता की तृप्ति को कहते हैं।

मनुष्य को चाहिए कि वह सदा स्वाध्याय और दैवकर्म में निरत रहे। अग्नि में डाली गई आहुति आदित्य को पहुंचती है और सूर्य से वृष्टि होती है, वृष्टि से अन्न, अन्न से प्रजा का पालन होता है।

जिस प्रकार समस्त प्राणी वायु के आश्रय में जीवित रहते हैं उसी प्रकार सभी आश्रम गृहस्थ पर निर्भर करते हैं। गृहस्थ आश्रम में रहकर मनुष्य ब्रह्मचर्य, वानप्रस्थ और संन्यास, इन तीनों आश्रमों को नित्य प्रति अन्न आदि दान से गृहस्थ भरण-पोषण करता है इसलिए गृहस्थाश्रम को बड़ा कहा गया है।

यदि तुम अक्षय सुख, समृद्धि, ऐश्वर्य की इच्छा रखते हो तो इस गृहस्थाश्रम को सबल सौर सुबुद्धि से धारण करो। यह निर्बल और निर्बुद्धिजनों के धारण करने योग्य नहीं है क्योंकि ऋषि-मुनि, माता-पिता, देव भृत्यादि प्राणी, अतिथि ये सब गृहस्थों से ही आशा करते हैं। जो अपने गृहस्थ के कर्मों को समझता है उसको चाहिए कि वह इनकी सहायता करे।

स्वाध्याय से ऋषियों, होम से देवताओं, श्राद्ध से पितरों, अन्न से मनुष्यों तथा बलि-कर्म से अन्य प्राणियों को सत्कृत करे। गृहस्थ व्यक्ति को चाहिए कि अन्न आदि भोज्य पदार्थों से, जल तथा दूध से, कन्दमूल फल आदि से माता-पिता आदि का प्रीतिपूर्वक प्रतिदिन श्राद्ध करे अर्थात् उनको प्रसन्न रखे। ब्राह्मण पाकशाला की अग्नि में तैयार बलिवैश्वदेव के भागवाले भोजन की प्रतिदिन इन देवताओं के लिए आहुति देकर हवन करे।

प्रथम अग्नि और सोम और फिर विश्वेदवों के लिए तथा धन्वन्तरि के लिए भी आहुति दे। और अमावस्या की अधिष्ठात्री शक्ति के लिए तथा पूर्णिमा की अधिष्ठात्री शक्ति के लिए, प्रजापति के लिए, द्युलोक और पृथिवी लोक को पुष्टि के लिए तथा अन्त में अभीष्ट सुख देनेवाले ईश्वर के लिए आहुति दे।

इस प्रकार विधिपूर्वक हवन करके सब दिशाओं में घूमकर क्रमशः सानुग, इन्द्र, यम, वरुण और सोम के लिए बलि दे। वायु के लिए जल से बलिभाग दे, इसी प्रकार वनस्पति के लिए भी बलि रखे। मकान की छत पर श्री की प्राप्ति के लिए, मकान की भूमि पर भद्रकाली के लिए, ब्रह्मा और वास्तोष्पति के लिए घर के बीच में, विश्वदेवों के लिए आकाश में। इसी प्रकार दिवाचर तथा रात्रिचर प्राणियों के लिए भी आकाश में, मकान के पीछे सर्वात्माभूमि के लिए और शेष बलि पितरों को मकान के दक्षिण में दे।

कुत्ते, पतित, चाण्डाल, पापरोगी, कौवे, कीड़े इनके लिए भूमि पर भाग रखना चाहिए। इस प्रकार जो सब प्राणियों का नित्य सत्कार करता है वह मोक्ष को प्राप्त होता है। इस प्रकार बलिवैश्वदेव यज्ञ करके पहले अतिथि को भोजन कराए तथा भिक्षा के लिए आए ब्रह्मचारी को भिक्षा दे। जिस पुण्य का फल गुरु को गोदान करने से प्राप्त होता है। वह फल ब्रह्मचारी को भिक्षा दान करने से प्राप्त होता है। किन्तु जो अयोग्य व्यक्तियों को, कुपात्र को दान देते हैं उनके हव्य-कव्य सब नष्ट हो जाते हैं। सदा सुपात्र को ही दान देना चाहिए।

आये हुए अतिथि का विधिपूर्वक सत्कार करना चाहिए, उसको आसन, अन्न, जल प्रदान करना चाहिए। यदि अतिथि का भली प्रकार सत्कार न किया गया तो वह गृहस्थ के संचित पुण्यों का हरण कर लेता है। बैठने अथवा सोने के लिए आसन, पानी और सत्कारयुक्त मीठी वाणी -इनका कभी किसी घर में अभाव नहीं होना चाहिए।

जो विद्वान व्यक्ति पराये घर में एक ही रात्रि रहता है उसे अतिथि कहा गया है। उसकी आने की तिथि निश्चित न होने से वह अतिथि कहलाता है।

जिस घर में पत्नी हो तथा पंचयज्ञ की अग्नि प्रज्वलित रहती हो, एक गाँव के रहनेवाले तथा मित्र विद्वान् यदि घर में आया हुआ हो तो उसे अतिथि नहीं समझा जाता। जो गृहस्थ होकर पराए घर में भोजन आदि की इच्छा करते हैं वे बुद्धिहीन गृहस्थ अन्य से प्रतिग्रह रूप पाप करके जन्मांतर में पशु बनते हैं।

गृहस्थ को चाहिए कि सायंकाल सूर्यास्त के समय जो अतिथि आ जाए उसको वापस न लौटाए। समय अथवा असमय पर आया हुआ कोई भी अतिथि गृहस्थ के घर से भूखा नहीं जाना चाहिए।

जो पदार्थ अतिथि को न खिलाए वह स्वयं भी न खाए। अतिथि का सत्कार करना धन, यश, आयु और सुख को बढ़ानेवाला होता है। अतिथि के आने पर उसका उत्तम-से-उत्तम प्रबन्ध कर उसे सन्तुष्ट करे। यदि भोजन के उपरान्त भी कोई अतिथि आ जाए तो उसको भी यथाशक्ति भोजन कराए।

भोजन के लिए विप्र अपना कुल गोत्र आदि न कहे। अन्यथा वह टुकड़ों का सहारा लेनेवाला माना जाएगा। ब्राह्मण के घर क्षत्रिय अतिथि नहीं होता और वैश्य, शूद्र तथा सखा और गुरु भी अतिथि नहीं समझे जाते। किन्तु यदि भोजन के समय ब्राह्मण के घर पर क्षत्रिय भी आ जाए तो उसको भोजन करा दे। इसी प्रकार अन्य वर्गों के साथ भी करे।

प्रीतिपूर्वक पत्नी के साथ घर में आए हुए मित्र आदि का भी यथाविधि सत्कार करना चाहिए। नव-विवाहिता, कुमारी, रोगिणी तथा गर्भवती स्त्रियों को अतिथि से पूर्व ही भोजन करा देना चाहिए। जो मूर्ख इनको दिए बिना स्वयं पहले भोजन कर लेता है, मरणोपरान्त उसको कुत्ते और गीद्ध खा जाते हैं। सबको भोजन कराने के उपरान्त जो बचे उसे ही गृहस्थ पति-पत्नी भोजन करे।

देव, ऋषि, मनुष्य, पितर और गृहोक्त विश्वेदेवा: इन सबको सत्कृत करके ही गृहस्थ शेष अन्न का भोजन करे। जो केवल अपने लिए अन्न पकाता है वह निरा पाप खाता है और जो यज्ञादि से शेष भोजन है वह सज्जनों का भोजन है।

राजा, ऋत्विक, स्नातक, गुरु, मित्र, श्वसुर, मामा यदि एक वर्ष के उपरान्त फिर आ जाएं तो उनका पहले की ही भांति आदर-सत्कार करना चाहिए। राजा और स्नातक यज्ञकर्म में प्रवृत्त हों तो वे अधिक सम्मान के योग्य हैं।

नित्य सायं प्रात: बलिवैश्वदेव यज्ञ करे और अमावस्या को पितृयज्ञ करके प्रतिमास श्राद्ध करे।

बिना कारण माता-पिता, गुरु का त्यागनेवाला, पतितों से अध्ययन करने वाला और उनसे कन्यादानादि सम्बन्ध करनेवाला, घर जलानेवाला, विष देने वाला, कुण्ड का अन्न खानेवाला, सोमरस बेचनेवाला, राजा की स्तुति करनेवाला, तेली, झूठा साक्षी, पिता से लड़नेवाला धूर्त, मद्य पीनेवाला, कोढ़ी, कलंकी, दम्भी, मित्र से द्रोह करनेवाला, जुए का रोजगार करनेवाला, मिरगी वाला, गण्डमाली, सफेद कोढ़वाला, चगलखोर, उन्माद रोगवाला, अन्धा, वेद की निन्दा करनेवाला, पक्षियों का पालनेवाला, युद्ध-विद्या सिखानेवाला, नहर तोड़ने और बन्द करनेवाला, कुत्तों से खेलने वाला, बाज खरीदनेवाला, कन्या से गमन करनेवाला, शूद्र वृत्तिवाला, गुणों की पूजा करनेवाला, आचार से हीन, नपुंसक, नित्य भीख मांगने वाला, खेती करने वाला पीलिया रोगवाला, सत्पुरुषों से निन्दित, बकरी-भेड़ अथवा भैंस की आजीविका करनेवाला, द्वितीया विवाहिता का पति, प्रेत का धन लेनेवाला-ये ब्राह्मण यत्न पूर्वक श्राद्ध में वर्जनीय हैं।

इन निन्दित आचारवाले और पंक्ति बाह्य अधर्मों को द्विजों में श्रेष्ठ विद्वान, देव और पितृकर्मों में त्याग देवे। बिना पढ़ा ब्राह्मण फंस की अग्नि के समान है। ऐसे ब्राह्मण को हवि' नहीं देनी चाहिए। क्योंकि राख में होम नहीं किया जाता। पंक्तिबाह्य ब्राह्मणों को देवताओं के हव्य और पितरों के कव्य देने में दान का फल नष्ट हो जाता है।

वेद-वृत्ति से रहित ब्राह्मणों को भोजन कराने से राक्षस भोजन कहलाता है। ज्येष्ठ भ्राता के रहते हुए उसकी पत्नी से विवाह करनेवाला ब्राह्मण परिवेता कहलाता है और ज्येष्ठ भाई ऐसा करे तो वह परिवित्ति कहलाता है। परिवेत्ता, परिवित्ति, वह कन्या, कन्यादान करनेवाला तथा याजक–ये पांचों नरक के अधिकारी कहे गए हैं।

दिधीषूपति वह है जो मरे हुए भाई की भार्या से नियोग करता है। परस्त्री से उत्पन्न हुए पुत्रों को कुण्ड और गोलक कहते हैं।

क्रोध रहित, भीतर-बाहर से पवित्र, निरन्तर जितेन्द्रिय, हथियार छोड़े हुए, दयादि गुणों से युक्त पूर्व देवता पितर है। इन सब पितरों की जिनसे उत्पत्ति और जो पितर जिन नियमों से पूजित होते हैं उन नियमों को तुम सुनो-

स्वायम्भुव मनु के पुत्र मरीच्यादि हैं और उनके पुत्रों को पितृगण कहते हैं। विराट के पुत्र सोमसद साध्यों के पितर हैं। मरीचि के पुत्र अग्निष्वात देवों के पितर हैं! अत्रि के पुत्र बहिर्षद दैत्य, दानव, यक्ष, गन्धर्व, सर्प, राक्षस, सुवर्ण और किन्नरों के पितर है। ब्राह्मणों के सोमपा और क्षत्रियों के हविर्भुत, वैश्यों आज्यपा और शूद्रों के सुकालिन पितर हैं। भृगु के पुत्र सोपमा, अंगिरा के पुत्र हविष्मन्त, पुलस्त्य के पुत्र आज्यपा और वसिष्ठ के पुत्र सुकालिन-ये पितर इन ऋषियों से उत्पन्न हुए। अग्निदग्ध, अनग्निदग्ध, काव्य, बर्हिषद और अग्निष्वात तथा सौम्यों को ब्राह्मणों का पितर कहा है। ये मुख्य पितर हैं उनके पुत्र-पौत्रों की संख्या अनन्त है।

पितर वसुओं को, पितामह रुद्रों को और प्रपितामह आदित्यों को कहते हैं।

गृहस्थ को चाहिए कि वह प्रतिदिन विघस भोजन को खानेवाला हो अथवा अमृत भोजन करनेवाला हो। अतिथि, मित्रों आदि के भोजन कर लेने के उपरान्त जो भोजन बच जाए उसको ही 'विघस' भोजन कहा गया है। तथा यज्ञ में आहति देने के बाद बचे भोजन को 'अमृत' कहा गया है।

यह सम्पूर्ण पंचयज्ञ-सम्बन्धी विधान बताया गया है और अब आगे द्विजातीयों की मुख्य आजीविका और जीवनचर्या का विधान बताया जाता है।

चतुर्थ अध्याय
आजीविकाएँ और व्रत

द्विज अर्थात् ब्राह्मण, क्षत्रिय और वैश्य को चाहिये कि आयु के प्रथम चौथाई भाग में गुरु के समीप रहकर अध्ययन कर दूसरे चौथाई भाग में विवाह करके घर में निवास करे। आपत्ति रहित काल में प्राणियों को जिससे किसी प्रकार की पीड़ा न हो ऐसी वृत्ति न मिलने पर जिसमें प्राणियों को कम-से-कर्म पीड़ा हो, ऐसी वृत्ति को अपनाकर आजीविका चलाये।

अपने श्रेष्ठ कर्मों से शरीर को अधिक कष्ट न देकर केवल जीवन-यात्रा को चलाने के निमित्त धन का संचय करे। जीविका के लिए भी लोग विरुद्ध व्यवहार न करें, जिसमें किसी प्रकार की कुटिलता, मूर्खता, मिथ्यापन या अधर्म न हो उस वेदोक्त कर्म-सम्बन्धी जीविका को करे।

सुखार्थी सन्तोष से रहकर स्वस्थ चित्त रहे, क्योंकि सन्तोष ही सुख का कारण है और तृष्णा दु:ख का आधार है। इनमें कोई-सी वृत्ति से निर्वाह करता हुआ स्नातक द्विज स्वर्ग, आयु और यश देनेवाले इन व्रतों को धारण करे। अपना वेदोक्त कर्म यथाशक्ति नित्य आलस्य रहित होकर करे क्योंकि उससे ही उसकी परमगति है।

अनुचित कार्य से द्रव्य संचय न करे, किसी विरुद्ध कर्म से भी न करे। पदार्थ के होते हुए उसको गुप्त रखकर अथवा दूसरे से छल करके और अधर्म से कभी धन संचय नहीं करे। इन्द्रियों के विषय में कभी न फंसे। इनको प्रयत्न पूर्वक मन से दूर करते रहे। जो धर्म विरोधी पदार्थ अथवा व्यवहार है उन सबको छोड़ दे। जिस किसी प्रकार विद्या को पढ़ते रहना ही गृहस्थ का कर्तव्य होता है। आयु, क्रिया, धन, विद्या और कुल इनके अनुरूप वेष, वाणी और समझ से आचरण करता हुआ इस जगत में विचरण करे।

जो धर्म, धन बुद्धि आदि को अत्यन्त शीघ्र बढ़ानेवाले हितकर शास्त्र हैं उनको और वेद शास्त्रों को नित्य पढ़ना चाहिए। मनुष्य जैसे-जैसे शास्त्र का विचार कर उसके यथार्थ भाव को प्राप्त होता है वैसे-वैसे अधिक जानता जाता है और उसकी विज्ञान के

प्रति प्रीति बढ़ती जाती है। अर्थात् शास्त्र के पार को पाकर भी बार-बार अभ्यास करता रहे।

ऋषियज्ञ, देवयज्ञ, बलिवैश्वदेव यज्ञ, अतिथियज्ञ और पितृयज्ञ इनको कभी न छोड़े। दिन और रात्रि के आदि में नित्य अग्निहोत्र करे और अर्धमास के अन्त में दर्शयज्ञ करे। नवीन अन्न की उत्पत्ति में नवीन धान्य से नवशस्येष्टि यज्ञ करे, ऋतुओं के अन्त में अध्वर्यु यज्ञ करे, अयन के आदि-अन्त में भी यज्ञ करे।

दीर्घ आयु चाहनेवाला विप्र नवीन अन्न से यज्ञ किये बिना उसे ग्रहण न करे।

गृहस्थ के घर में आया अतिथि आसन, भोजन, जल, कन्दमूल, फल आदि सत्कार के बिना नहीं रहने देना चाहिए, किन्तु जो अतिथि पाखण्डी हो, वेद विरुद्ध चलनेवाला हो, विडालवृत्तिवाला हो, धूर्त हो, बकवास करनेवाला हो, बगुलाभगत जैसा हो, उसका तो वाणी से भी सत्कार नहीं करना चाहिए।

वेदों की विधा समाप्त करनेवाले और व्रत को सम्पूर्ण करनेवाले तथा श्रोत्रिय गृहस्थ को ही हव्य-कव्य से सत्कृत करना चाहिए, जो इसके विपरीत हो उनको नहीं। जो अपने हाथ से न पका सकते हों, ऐसे ब्रह्मचारी, संन्यासी को भिक्षा देनी चाहिए। असहाय प्राणियों, विकलांगों, कुत्ता, बिल्ली, पशु-पक्षियों आदि का भाग भी निकालना चाहिये।

क्षुधा से पीड़ित स्नातक राजा से और यजमान व शिष्य से द्रव्य की इच्छा करे अन्य से नहीं। यही शास्त्र का वचन है। स्नातक ब्रह्मण कभी भूल से पीड़ित नहीं रहना चाहिए। यदि धन पास है तो कभी मैले वस्त्र धारण न करे।

विप्र को चाहिए कि केश, दाढ़ी, नाखून आदि कटवाता रहे, सहिष्णु हो, स्वच्छ श्वेत वस्त्र धारण करे और प्रतिदिन स्वाध्याय द्वारा उन्नति में लगा रहे। बांस की छड़ी, जल भरा लोटा, यज्ञोपवीत, वेद की पुस्तक आदि सदा उसके पास रहनी चाहिये।

उदय अथवा अस्त होनेवाले सूर्य के दर्शन न करे, ग्रहों से मिलने पर और जल में सूर्य का प्रतिबिम्ब और बीच आकाश में भी सूर्य को न देखें। बछड़ा यदि बंधा हो तो उसके रस्से को न लांघे, पानी बरस रहा हो तो उस समय दौड़े नहीं, पानी में अपना स्वरूप न निहारे। मिट्टी के टीलों, गायों, यज्ञशालाओं, ब्राह्मणों, घृत और मधु के समूहों, चौराहों और बड़े प्रसिद्ध बनस्पतियों को दक्षिण की ओर करके जावे।

कामातुर होता हुआ भी मासिक धर्म के दिनों में स्त्री के साथ सम्भोग न करे और उसके साथ एक बिस्तर पर भी न सोवे। क्योंकि रजस्वला स्त्री के पास जानेवाले मनुष्य के बुद्धि, तेज, बल, नेत्रज्योति और आयु सब घट जाते हैं।

रजस्वला का उपभोग न करनेवाले मनुष्य के बुद्धि, बल और तेज आदि सब बढ़ते हैं।

तेज चाहनेवाले व्यक्ति को चाहिए कि वह भोजन करती, छींकती, जम्हाई लेती, आराम से बैठी अपनी भार्या को भी न देखे। तेल लगाती हुई, शृंगार करती हुई, अंजन आँजती, निर्वसना, प्रसव करती हुई पत्नी को कभी नहीं देखना चाहिए। पराई नग्न स्त्री के सम्मुख नहीं जाना चाहिए। पराई स्त्रियों से एकान्त में बात भी नहीं करनी चाहिए।

बिना वस्त्रों के स्नान नहीं करना चाहिए। मार्ग में गौ के खरक में खेत में जल में चिता में, पर्वत पर, देव स्थान पर, यज्ञशाला आदि-आदि वर्जित स्थानों पर, चलते-चलते, खड़े हुए, नदी के किनारे, वायु, अग्नि, विप्र, सूर्य जल और गायों को देखते हुए कभी मूत्र-त्याग न करे। इसी प्रकार शौच के लिए भी सावधानी बरते। जैसे चाहे, जिधर को चाहे मुख करके मल-मूत्र त्याग न करे। इसके विपरीत करने से मनुष्य की बुद्धि भ्रष्ट हो जाती है।

आग को मुख से न फूंके, मल-मूत्र को आग में न डाले और पैर को आग पर न तपावे, न आग को लांघे और न अपने नीचे आग को रखे। सूने मकान में अकेला न सोवे, अपने से बड़ों को सोते से न जगावे, रजस्वला स्त्री से न बोले और बिना वरण किये यज्ञ में न जावे। अकेला स्वादु पदार्थ न खाये, अकेले अपने ही स्वार्थ की चिन्ता न करे, अकेला दीर्घयात्रा न करे, सबके सोते हुए अकेला न जागे। यज्ञशाला, गौशाला, तथा ब्राह्मण के समीप वेद के पढ़ने और भोजन में दाहिना हाथ ऊपर उठावे।

जल पीती गाय को न हाँके और न दूसरे को ऐसा करने दे, आकाश में इन्द्रधनुष देखकर किसी को न बतावे। अधर्मी ग्राम और जहां बहुत बीमारी हो वहां न जावे, अकेले मार्ग में न चले और बहुत काल तक पर्वत पर निवास न करे।

शूद्रों के राज्य में निवास न करे, अधार्मिक पुरुषों से घिरे हुए और पाखण्डियों के वास किए हुए तथा चाण्डालों से भरे देश में न बसे। जिसकी चिकनाई निकाल ली हो उसको न खावे, अतितृप्ति न करे, उदय तथा अस्तकाल के समीप भोजन न करे, प्रात:काल बना हुआ सायंकाल में भोजन न करे।

निष्फल कर्म न करे, अंजुलि से पानी न पिए। गोद में रखकर भोजन न करे और कभी व्यर्थ बातें न करे। ब्रह्मचारी को चाहिए कि नाच-गान से विमुख रहे, तुतलाकर न बोले, बहुत प्रसन्न होकर कुशब्द न करे, कांसे के बर्तन में कभी पैर न धुलवाये, फूटे

बर्तन में भोजन न करे और विरोधवाले के घर भी भोजन न करे। जूता, कपड़ा, यज्ञोपवीत, अलंकार, पुष्प-माला और कमण्डल-ये सब वस्तुएं दूसरे के ओढ़े अथवा पहने हुए धारण न करे।

बिना सधाए हुए, भूख और रोग से पीड़ित, जिनके सींग, नेत्र और खुर टूट गए हों, जिनकी पूंछ कटी या घायल हो, ऐसे घोड़े या बैल की सवारी न करे। सिधाये हुए, सुन्दर लक्षणवाले, सुन्दर रंग रूपवाले, तेज दौड़नेवाले पशुओं की सवारी करे किन्तु उनको चाबुक की मार से अधिक पीड़ा न दे।

उदयकाल का घाम और जलते मुर्दे का धुआं तथा टूटा हुआ आसन त्याज्य है। रोम या नखों को न उघाड़े तथा दांतों से नखों को न उपाड़े, मिट्टी के पात्र में भोजन न करे, मिट्टी के ढेले को न मसला करे, नखों से तृणों को न काटा करे, धरती न कुरेदे और न धरती पर लकीर डाले, व्यर्थ के तथा भविष्य में दु:ख देनेवाला काम न करे। उदण्डता से बात न करे, माला को बाहर न डाले। जो यह सब करता है वह शीघ्र ही नाश को प्राप्त होता है।

घिरे हुए नगर या मकान में बिना दरवाजे के बजाय, रात को वृक्ष के नीचे न रहे। जुआ न खेले, अपने जूतों को उठाकर न चले; शय्या पर, आसन पर और हाथ पर रखकर भोजन न करे, सूर्य के अस्त होने पर भोजन न करे, नंगे न सोये, जूठे मुँह कहीं न जाये। गीले पैर भोजन करे किन्तु गीले पैर न सोये। जिस दुर्ग के विषय में न जानते हो वहां कभी अकेले न जाये, मल-मूत्र को न देखे और बांहों से नदी को पार न करे। केश, भस्म, हड्डी, खपरों के टुकड़े, कपास की मींग तथा भूसे पर न बैठे।

पतितों के साथ, दुष्ट कर्म करनेवालों के साथ, चाण्डालों के साथ कंजरों के साथ, मूर्खों के साथ, अभिमानियों के साथ कभी निवास न करे। कृतघ्न, आलसी, उद्योगहीन, महापातकी, दस्यु, अपवित्र तथा शत्रु के साथ भी कभी वास न करे। दोनों हाथों से एक साथ अपना शरीर न खुजावे और जूठे हाथों से सिर को न छुए। बिना सिर पर पानी डाले स्नान न करे। सिर के केश पकड़ कर किसी को न मारे। सिर पर तेल लगाकर किसी अन्य अंग का स्पर्श न करे।

जो राजा क्षत्रिय कुल में उत्पन्न न हो उससे दान न ले। बहेलिया, गाड़ीवान, कसाई और बहरूपियों से भी दान न ले। दस बहेलियों के बराबर एक गाड़ीवान, दस गाड़ीवान के बराबर एक कसाई और दस कसाई के बराबर एक बहुरूपिया और दस बहुरूपियों के बराबर एक अधर्मी राजा होता है। ऐसे लोगों से दान ग्रहण न करे।

जो कृपण और शास्त्रवर्जित राजा से प्रतिदान ग्रहण करता है वह तमिस्र, अन्धतमिस्र, महारौरव, रौरव, नरक, कालसूत्र, महानरक, संजीवन, महावीचि तपन, संप्रतापन, संघात, सकाकौल, कुडमल, प्रतिमूर्तिक, लोहशंकु, ऋजीष, पन्थान, शालीनदी, असिपत्रवन, और लौहदारक नरकों में वास करता है। अत: विद्वान ब्राह्मण को चाहिए कि वह इस प्रकार के राजा से प्रतिग्रह ग्रहण न करे।

प्रात: दो घड़ी रात से उठकर, आवश्यक कार्य करके धर्म और अर्थ, शरीर के रोगों और उनके कारणों को तथा परमात्मा का ध्यान करे, तत्वार्थ का ही चिन्तन करे। उठकर दिनचर्या के आवश्यक कार्य सम्पन्न कर एकाग्र चित्त होकर प्रात:कालीन सन्ध्योपासना के लिए बैठे और उपयुक्त समय पर सायंकालीन सन्ध्या में भी इसी प्रकार उपासना करे। ऋषियों ने देर तक सन्ध्योपासना के अनुष्ठान से ही दीर्घ आयु, प्रज्ञा, यज्ञ, कीर्ति तथा ब्रह्मतेज पाया है।

श्रावणी या भाद्रपदी पूर्णिमा को उपाक्रम करके साढ़े चार मास में उद्यत होकर वेदाध्ययन करे। अस्पष्ट न पढ़े और शूद्रों के पास बैठकर न पढ़े, प्रभातकाल में पढ़कर फिर शयन न करे। यथोक्त विधि से नित्य गायत्रादि छन्दो से युक्त मन्त्र पढ़े और द्विजमात्र अनापत्तिकाल में साधारण वेद पाठ और छन्दोयुक्त मन्त्र नियमपूर्वक पढ़े।

आगे जो अनध्याय कहे जा रहे हैं उनको छोड़ देना चाहिए। वे हैं-रात्रि में, कान में शब्द करनेवाले वायु के चलते हुए, दिन में गर्द उड़ानेवाले वायु के चलते हुए, वर्षा में बिजली के गरजते, उल्काओं के गिरते हुए जब तक ये सब शान्त नहीं हो जाते, तब तक अनध्याय मानना चाहिए।

अन्तरिक्ष में उत्पात शब्द होने, भूकम्प, सूर्यादिक के उपद्रव में, भूकम्प की ऋतुओं में, जब तक उपद्रव रहे तब तक अनध्याय समझना चाहिए। धर्म की इच्छावालों को ग्राम व नगर में सर्वदा अनध्याय और दुर्गन्ध में कभी नहीं पढ़ना चाहिए। जहां मुर्दा पड़ा हो, जो छोटा गांव हो, जो आदमी अधर्मी हो, जहां रोना-पीटना होता हो तथा जहाँ भीड़ हो वहाँ कभी नहीं पढ़ना चाहिए।

जल में, मध्य रात्रि में, मल-मूत्र त्याग करते समय, भोजन करते हुए, जूठे मुंह से, सूतक में, लेटे हुए, पैरों को ऊपर करके, दोनों पैरों को भीतर की ओर मोड़े हुए, सूतक का अन्न खाने के बाद, कुहर में, ब्राह्मणों के शब्द में, सन्ध्याकाल में, धूल बरसने पर, दिशाओं के जलने पर, सियारों के चिल्लाने पर, कुत्ता, ऊंट, गधे के

भौंकने-रेंकने पर, श्मशान और ग्राम के समीप, गौशाला में, मैथुन के समय, श्राद्ध का भोजन करके, घोड़े पर बैठा हुए, वृक्ष पर चढ़े हुए, हाथ, नाव, गधा, ऊंट और ऊसर भूमि तथा गाड़ी पर बैठे हुए भी न पढ़े।

विवाह में, झगड़े में, सेना में, लड़ाई में, तत्काल भोजन करके, अजीर्ण में, वमन में, सूतक में, अतिथि के होते हुए, प्रचण्ड वायु वेग में, शस्त्र या फावड़ा आदि चलाते हुए, अध्ययन-अध्यापन न करे।

सुपठित ब्राह्मण को चाहिए कि वह ऋतुकाल होने पर भी अमावस्या, अष्टमी, पूर्णमासी और चतुर्दशी के दिन ब्रह्मचारी ही बना रहे।

भोजन करके, रोग में, मध्यरात्रि में, कपड़े पहने हुए, गहरे पानी में, जिस जलाशय की गहराई मालूम न हो, ऐसे में स्नान न करे।

देव, गुरु, राजा, स्नातक, आचार्य, कपिल, दीक्षित की छाया भी यथाशक्ति न लाए।

उबटन के मैल की पीठी, स्नान का पानी, मल, मूत्र, रक्त, कफ, पीक और वमन के स्थान पर जानबूझकर खड़ा न होवे।

अपने वैरी से और उसके सहायक से, अधार्मिक, चोर, पराई स्त्री से कभी मेल-जोल न रखे। परस्त्री गमन के समान इस संसार में आयु को घटानेवाला अन्य कोई दुष्कर्म नहीं है।

क्षत्रिय, सर्प और बहुश्रुत, ब्राह्मण ये यदि दुर्बल भी हों तो इनका कभी अपमान न करे। इनका अपमान करने पर अपमान करनेवाले का अनिष्ट होता है, अत: इससे बचे।

कभी सम्पत्तिवान होने के बाद यदि निर्धन भी हो जाये तो स्वयं कभी अपना अपमान न करे अपितु आजीवन मृत्यु-पर्यन्त लक्ष्मी की उन्नति के लिए उद्यम करे और इसको कभी दुर्लभ समझे ही नहीं।

सत्य बोले, हितकर बचन बोले, अप्रिय सत्य कभी न बोले, ओर इसी प्रकार प्रिय लगनेवाला झूठ भी कभी न बोले, यही सनातन धर्म है। सदा सबके हितकारी वचन बोले, बिना अपराध किसी के साथ विवाद न करे, दूसरे के हित की बात सदा ही कहे।

अंगहीन, अधिक अंगवाले, मूर्ख, आयु में बड़े, और रूप, धन से रहित तथा निम्न वंशवाले, इन पर कभी आक्षेप न करे, ताना न दे।

भोजन करके जूठे हाथों से इन्द्रियों, ब्राह्मणों और अग्नि का स्पर्श न करे, व्याधि रहित व्यक्ति अपवित्रावस्था में आकाश में सूर्य को न देखे। यदि अपवित्र हुआ पुरुष भूल से भी इन इन्द्रियों आदि का स्पर्श कर ले तो उसे तुरंत उन सब अंगों को धो लेना चाहिए। बिना निमित्त किसी भी गुप्त अंग का स्पर्श न करे।

शुद्ध आचारण करनेवाला, उन्नति के लिए यत्नशील, जितेन्द्रिय रहे और प्रतिदिन आलस्य रहित होकर जपोपासना तथा हवन करे। जो व्यक्ति सदा मंगलमय आचरण करता है और जो सदा उन्नति के लिए यत्नशील रहता है तथा जो निरन्तर परमात्मा को भजता रहता है और हवन करता है, उसकी अवनति नहीं होती।

नित्य ही अधिक-से-अधिक समय तक आलस्यरहित होकर वेद का अभ्यास करे। इसको ही ब्राह्मण के लिए उत्तम धर्म कहा है, अन्य धर्म सब गौण हैं। निरन्तर वेद का अभ्यास करने से, पवित्रता से तथा तपस्या से और प्राणियों के साथ द्रोह-भावना रहित होने से मनुष्य अपने पूर्व जन्म को जान लेता है। अपने पूर्व जन्म को स्मरण करते हुए फिर भी यदि वेद के अभ्यास में लगा रहता है तो निरन्तर वेद का अभ्यास करने से मोक्ष सुख को प्राप्त होता है।

जूठन तथा मल-मूत्र आदि का घर से दूर त्याग करना चाहिए। मल का त्याग, शरीर शुद्धि, स्नान, दन्तधावन, अंजन और देवताओं के लिए होम आदि कर्म दिन के प्रथम प्रहर में ही करने चाहिए।

पर्वों के अवसर पर यज्ञशालाओं, धार्मिक स्थानों, ब्राह्मणों तथा गुरुओं से मिलने के लिए जाना चाहिए और सूर्य देव की उपासना करनी चाहिए। सदा अपने से बड़ों को प्रणाम करना चाहिए, उनका मान करना चाहिए। उनको बैठने के लिए आसन दे, उनके अपने समीप आने पर उठकर उनका स्वागत करे। जो पूछे उसका विनम्रता से उत्तर दे तथा जाते समय उनको छोड़ने के लिए दूर तक जाये।

गृहस्थ आलस्य को छोड़कर, वेद और मनुस्मृति में वर्णित अपने कर्मों में निबद्ध धर्म का मूल सदाचार है, उसका सदा सेवन किया करे। धर्माचरण से दीर्घायु, इच्छित सन्तान और अक्षय धन प्राप्त होता है और धर्माचरण ही अधर्मयुक्त लक्षणों का नाश कर देता है।

दुष्टाचरण करनेवाला पुरुष लोक में निन्दित होता है, दुःख का भागी बनता है, निरन्तर रोगी रहता है और अल्पायु होता है। और जो सदाचरण करता है, श्रद्धावान है, दूसरों के दोषों को उजागर नहीं करता वह सौ वर्ष तक सुख से जीवन बिताता है।

जो-जो कर्म दूसरे के अधीन हों मनुष्य को चाहिए कि उनको यत्नपूर्वक छोड़ दे। और जो-जो कर्म अपने अधीन हों उनको यत्नपूर्वक पूर्ण करे। क्योंकि परवश होना दु:ख का कारण है और स्वाधीनता ही सुख का मूल है। संक्षेप में यही सुख और दु:ख का लक्षण है।

जिस कर्म के करने से मनुष्य को सन्तुष्टि हो उस कर्म को प्रयत्नपूर्वक करे और जो इससे विपरीत कर्म हो उनको छोड़ दे। अपने आचार्य, वेद का प्रवचन करनेवाला, पिता, माता, गुरु, ब्राह्मण, गाय और सभी तपस्वी इनको प्रताड़ित न करें। नास्तिकता, वेद की निन्दा, देवताओं की निन्दा, द्वेष, पाखण्ड अभिमान, दम्भ, क्रोध और उग्रता को छोड़ दे। पुत्र और शिष्य के अतिरिक्त अन्य किसी पर डण्डा न उठाये और क्रोधित होकर भी किसी को न मारे। पुत्र शिष्य को तो शिक्षा के लिए ताड़ना करना होता है।

जो ब्राह्मण आदि पर डंडा चलाता है वह तमिस्र नरक में जाता है जो क्रोध करके मारता है वह इक्कीस पाप योनियों में जन्म लेता है। न लड़नेवाले ब्राह्मण के शरीर से यदि किसी से भूलवश भी रक्त निकल जाये तो जन्म-जन्मान्तर तक दु:ख भोगना पड़ता है। वह रुधिर जितने धूलिकण सोखता है उतने वर्ष तक उसको उसका दु:ख भोगना पड़ता है। इसलिए द्विज आदि को मारना सर्वथा निषिद्ध माना गया है। तिनके से भी उन पर प्रहार करना वर्जित है।

जो अधार्मिक व्यक्ति है और जिसने अधर्म से धन संचय किया हुआ है और जो सदा हिंसा में प्रवृत्त रहता है वह इस लोक और परलोक में कभी सुख नहीं पा सकता। अधार्मिक पापियों का शीघ्र ही विनाश होता है। यह समझते हुए धर्माचरण में कष्ट उठाता हुआ भी अधर्म में मन को न लगावे। मनुष्य निश्चय करके जाने कि इस संसार में जैसे गाय की सेवा का फल दूध आदि तुरन्त ही प्राप्त नहीं होता वैसे ही किए हुए अधर्म का फल भी शीघ्र नहीं होता। किन्तु धीरे-धीरे अधर्मकर्ता के सुखों को रौंदता हुआ वह सुख के मूलों को काट देता है।

किया हुआ अधर्म कभी निष्फल नहीं होता। यदि तत्काल उसका कुफल न भी मिले तो करनेवाले के पुत्र को और पुत्र न हो तो पौत्र को वह कुफल मिलता है। अधर्माचरण से पहले भले ही उसको कुछ सुख आराम मिलता हो, वह शत्रुओं को भी पराजित कर लेता हो किंतु यह सब शीघ्र ही नष्ट हो जाता है और पापी भी समूल नष्ट हो जाता है। अत: मनुष्य को चाहिए कि वह सत्य धर्म, सदाचार और शौच में सर्वदा प्रीति करे, शिष्यों को धर्म से और धर्म की शिक्षा दे, वाणी, बाहु, उदर पर नियंत्रण

रखे। धर्म रहित जो धन और सम्पत्ति तथा वैभव है उसको छोड़ दे और जो बाद में दु:ख देनेवाला तथा जो लोगों को क्लेश पहुंचाता हो ऐसा धर्म भी त्याज्य है।

निष्प्रयोजन हाथ, पैर और वाणी से चंचलता से काम न करे, नेत्रों से चंचलता प्रकट न करे, कुटिलता न करे, वाणी में चपलता न लावे, दूसरों को हानि पहुँचाने वाले कर्मों में मन न लगावे। जिस मार्ग से अपने पुरखे चले हैं उसी सन्मार्ग का अनुसरण करना चाहिए। इस प्रकार धर्मात्मा पुरुषों के मार्ग पर चलने से कभी दु:ख नहीं होता।

यज्ञ करानेवाला, पुरोहित, आचार्य, मामा, अतिथि, अपने आश्रित सेवक आदि अथवा बालक आदि, वृद्ध, आतुर अथवा रोगी वैद्य, अपना जाति भाई, अपना निकट सम्बन्धी, बान्धव, मित्र, माता, पिता, बहिन, भाई, पत्नी, पुत्री, धेवता आदि, और सेवक आदि से कभी विवाद न करे, झगड़ा न करे।

जो गृहस्थ इनके साथ मिलकर रहता है वह सब झंझटों से छूट जाता है और इनको जीतने से वह सब संसार को जीत लेता है। आचार्य ब्रह्मलोक का स्वामी है, पिता प्रजापति लोक का स्वामी है, अतिथि इन्द्र लोक का स्वामी है, ऋत्विज देव लीक का स्वामी कहा गया है, इन्हीं के अनुग्रह से इनकी प्राप्ति होती है। भगिनी और पुत्र वधू आदि अप्सरा लोक की स्वामिनी हैं, बान्धव वैश्य देव लोक के, सम्बन्धी यश लोक के, माँ और मामा भूलोक के स्वामी हैं और बालक, वृद्ध, आतुर, कृश ये सब आकाश के स्वामी कहे हैं। ज्येष्ठ भ्राता पिता के तुल्य होता है। भार्या और पुत्र अपने शरीर के तुल्य हैं। इनके साथ विवाद नहीं करना चाहिए। दास वर्ग अपनी छाया के तुल्य हैं और कन्या परम कृपा पात्र है। यदि ये कभी कुछ बुरा कहें भी तो उसे सहन कर लेना चाहिए। पुत्र-वधू देवांगना के तुल्य घर की शोभा है, बान्धव लोग विश्व देवों के समान हैं।

ब्राह्मण दान लेने का अधिकारी होने पर भी दान प्राप्ति में आसक्ति भाव का त्याग कर दे। क्योंकि निरन्तर दान लेते रहने से उसका ब्रह्मतेज शीघ्र ही क्षीण होने लगता है। ब्राह्मण को चाहिए कि द्रव्यों का दान ग्रहण करने में धर्म की विधि को जाने बिना भूख से पीड़ित होने पर भी दान ग्रहण न करे। अविद्वान ब्राह्मण यदि सुवर्ण, भूमि, घोड़ा-गाय, वस्त्र, अन्न, तिल, घृत आदि का दान ग्रहण करता है तो वह लकड़ी के समान भस्म हो जाता है।

सुवर्ण और अन्न का दान ग्रहण करना आयु को जलाता है, भूमि और गाय-शरीर को, अश्व-आंख को, वस्त्र-त्वचा को, घृत-तेज को और तिल-प्रजा अर्थात् सन्तान

आदि को जलाते हैं। तप से रहित, बिना पढ़ा-लिखा, दान लेने में रुचि वाला, ये तीनों जिस प्रकार पत्थर की नौका समुद्र में डूब जाती है उसी प्रकार दु:ख सागर में डूब जाते हैं।

इसलिए अपठित ब्राह्मण को चाहिए कि वह ऐसे-वैसे प्रतिग्रह अर्थात् दान से दूर रहे। इस प्रकार का ब्राह्मण आदि थोड़ा-सा भी दान लेता है तो वह कीचड़ में गौ की भांति फँसता है। जो व्यक्ति धर्म-कर्म का ज्ञाता है उसको चाहिए कि इस प्रकार के बिलाव और बगुले के समान वेद को जाननेवाले ब्राह्मण को दान तो क्या, जल भी न दे।

जो धर्म से प्राप्त हुए धन को इस प्रकार के लोगों को दान करता है उससे दाता का नाश इसी जन्म में और लेनेवाले का नाश अगले जन्म में कर देता है। जैसे पत्थर की नौका में बैठकर जल में तैरनेवाला डूब जाता है वैसे ही अज्ञानी दाता और लेनेवाला, दोनों ही गहरे में डूब जाते हैं।

जो धर्मध्वजी हो, अर्थात् धर्म-कर्म कुछ न करे किन्तु धर्म का ढोल पीटे अथवा धर्म के नाम पर लोगों को ठगे, सदा लोभी वृत्ति का परिचय दे, कपटी, संसारी मनुष्यों के सामने अपनी ही प्रशंसा के पुल बांधे, हिंसक अथवा वैर भाव रखनेवाला, सबको बहकाकर भड़काने वाला को बिडाल के समान धूर्त और नीच समझो।

जो व्यक्ति कीर्ति का इच्छुक है उसको चाहिए कि वह अपनी दृष्टि सदा नीची रखे। जो कर्महीन है तथा जो सदा तनिक-सी बात का भी बदला लेने के इसलिए तत्पर रहते हैं, चाहे कपट, अधर्म, विश्वास-घात कुछ भी क्यों न करना पड़ जाये, किसी भी प्रकार अपना प्रयोजन सिद्ध होना चाहिए जो ऐसे लोग हैं, झूठे ही जो शील का ढोंग करते हैं, जो कभी भी अपना हठ नहीं छोड़ते, बगुला वृत्तिवाला ब्राह्मण, क्षत्रिय और वैश्य ये सब नीच समझो। जिसका धर्म का झंडा तो देवध्वजा के समान ऊंचा फहराया जाता हो किन्तु जिसके पाप छिपे रहते हों ऐसे व्यक्ति को 'बैडाल' कहा जाता है। ऐसे व्यक्ति से सदा सावधान रहना चाहिए।

जो ब्राह्मण बगुला वृत्ति के होते हैं अथवा बैडाल वृत्ति के होते हैं वे अपने पापों के कारण अन्धतमिस्र नामक नरक में गिरते हैं। पाप करके धर्म के बहाने किसी प्रकार का व्रत-उपवास नहीं करना चाहिए। इस प्रकार के ब्राह्मणों की इस लोक में और परलोक में भी निन्दा होती है, और जो छल से व्रत करता है उसका पुण्य राक्षसों को मिलता है

उपासक को नहीं। जो ब्रह्मचारी का वेश धारण करके भिक्षा मांगता है वह ब्रह्मचारी के पाप को ग्रहण करता है और मरणोपरान्त तिर्यक् योनि को प्राप्त होता है।

दूसरों के पोखर, किन्तु आज कल घर में बने टब, में कभी स्नान न करें। क्योंकि वहां स्नान करने से मनुष्य पोखरवाले की गन्दगी और रोग से लिप्त हो जाता है। जो आदमी इस प्रकार बिना दाता के दिए उसकी सवारी, बिस्तर, आसन, कुँआ, बगीचा, घर का प्रयोग करता है वह उस गृहस्वामी के चौथाई पाप का भागी बन जाता है। किन्तु यदि पोखर में स्नान करने का इच्छुक बाहरी व्यक्ति उसकी सफाई करने के बाद स्नान करता है तो उसको उसके मालिक की बीमारियाँ आदि स्पर्श करने का भय जाता रहता है।

नदियों में, प्राकृतिक पोखरों-तालाबों में, झरनों में और ऐसे गड्ढों में जिसका पानी बहता हो, उनमें ही स्नान करना चहिए।

विद्वान व्यक्ति को चाहिए कि नित्य यमों का सेवन करे, केवल नियमों का ही नहीं। क्योंकि जो केवल नियमों का ही पालन करता है और यमों की उपेक्षा करता है, वह भी समझो, अपने कर्तव्य से पतित हो जाता है। इसलिए नियमों के साथ यमों का भी नित्य सेवन करना चाहिए।

अक्रूरता, क्षमा, सत्य, अहिंसा, इन्द्रिय-दमन, लोभहीनता, ध्यान, प्रसन्नता, मधुरता और सरलता आदि-आदि यम कहे जाते हैं। अहिंसा, सत्य बोलना, ब्रह्मचर्य का पालन करना, बनावट न करना, चोरी न करना, इन पाँचों को उपव्रत भी कहा गया है। पवित्रता, यज्ञ करना, तप करना, दान करना, स्वाध्याय, इन्द्रियों को वश में रखना, व्रत करना, उपवास करना, मौन धारण करना, नित्य स्नान करना-ये दस नियम पालन करने योग्य हैं। क्रोध न करना, गुरु की सेवा करना, पवित्रता रखना, उचित भोजन करना, प्रमद न करना, इनको भी नियम या उपव्रत कहा जाता है।

जिस यज्ञ का आचार्य वेद पाठी न हो अर्थात् वेद का विद्वान न हो, जिस यज्ञ का सारा ही गाँव अर्थात् कोई भी ऐरा-गैरा-नत्थू-खैरा अध्वर्यु हो, जिसमें अयोग्य व्यक्ति होता हो, ऐसे यज्ञ में ब्राह्मण कभी भाग न ले और ऐसे यजमान के घर भोजन भी न करे। जिस यज्ञ में इस प्रकार के लोग आदि काम करते है वह सज्जनों को कष्ट देनेवाला और विद्वानों का अपमान करनेवाला माना जाता है, उस स्थान पर भोजन करना निषेध है।

उन्मत्त, क्रोधी, रोगी तथा जिसने कुशों का व्यापार किया हो, कीटों का व्यापार किया हो, इससे जो सम्पन्न हुआ हो और जिसने दुष्टता से भोजन को पैर मारा हो-ऐसे व्यक्ति का और ऐसे व्यक्ति के पास बैठकर भी, भोजन न करे। जो भ्रूण-हत्या करता हो उसका स्पर्श किया हुआ भोजन कभी नहीं करना चाहिए। जिस भोजन को कौओं आदि पक्षियों ने जूठा कर दिया हो, अथवा कुत्ते ने स्पर्श कर दिया हो, उसको भी नहीं करना चाहिए।

गाय का सूँघा हुआ, बहुत अधिक घोटा हुआ, अपमान पूर्वक दिया हुआ, समुदाय का अन्न, गणिका का अन्न, जिस अन्न की विद्वानों ने निन्दा की हो, चोर का अन्न, गाना गाकर जीविका चलानेवालों का अन्न, बढ़ई का अन्न, सूदखोर का अन्न, कंजूस का अन्न तथा जो बंधुवा हो उसका अन्न भी कभी नहीं खाना चाहिए।

जो व्यक्ति पापी के रूप में प्रसिद्ध हो, जो नपुंसक हो, व्यभिचारी हो, दम्भी हो, सड़ा बासी अन्न हो, शूद्र का भोजन करके बचा हुआ हो, चिकित्सक का अन्न, शिकारी का अन्न, क्रूर व्यक्ति का अन्न, जूठन खानेवाले का अन्न, उग्र स्वाभाव के व्यक्ति का अन्न, सूतिका का अन्न, अपमान से दिया हुआ अन्न कभी ग्रहण नहीं करना चाहिए।

बिना सत्कार के दिया हुआ, मांस से बना, जिस स्त्री का सौभाग्य हीन हो अर्थात् पति-पुत्र रहित स्त्री, ग्राम का प्रधान, जाति से बाहर निकाला हुआ, चुगलखोर, झूठी गवाही देनेवाला, यज्ञ बेचनेवाला, नट, दर्जी, कृतघ्न, लोहार, धीवर, तमाशेबाज, सुनार, कुत्तों का व्यापार करनेवाला, कसाई, मांस बेचने वाला, रंगरेज, निर्दयी, जिसके मकान में व्यभिचारिणी स्त्री रहती हो, जो स्त्री के जार को सहन करता हो, सूतकवाला घर, जिससे तृप्ति न होती हो, इस प्रकार के लोगों का और इस प्रकार का अन्न कभी ग्रहण नहीं करना चाहिए।

राजा का अन्न-तेज को, शूद्र का अन्न-ब्रह्मवर्चस्व को, स्वर्णकार का अन्न-आयु को और चमार का अन्न-यश को, बढ़ई का अन्न-संतति को, धोबी का-बल को, समुदाय तथा गणिका का अन्न-लोकों को नष्ट करता है। चिकित्सक का अन्न पीप के सामान है। वेश्या का अन्न इन्द्रिय के समान तथा ब्याज से वृत्ति चलानेवाले का अन्न विष्ठा के, शस्त्र बेचने वाले का अन्न मैल के समान है। ये तथा ऐसे जितने भी अन्न हैं, वे सब ग्रहण करने है योग्य नहीं हैं। मनीषी लोग इस प्रकार के अन्न को त्वचा या हड्डी के समान मानते हैं।

ब्राह्मण का अन्न अमृत, क्षत्रिय का दूध, वैश्य और शूद्र का रुधिर के समान माना गया है। ऊपर जो वर्जित अन्न बताये गए हैं उनमें से यदि किसी के यहां बिना जाने ग्रहण कर लिया हो तो उसके प्रायश्चित के लिए तीन दिन का उपवास करना चाहिए।

विद्वान् ब्राह्मण को चाहिए कि श्रद्धा रहित शूद्र का पकवान भी ग्रहण न करे किन्तु यदि किसी कारण वश ग्रहण करना ही पड़ जाये तो केवल कच्चा अन्न ही ग्रहण करे वह भी केवल एक दिन के निर्वाह मात्र के लिए। चन्द्र-सूर्य पर जब ग्रहण लगा हो, उस समय भोजन न करे। ग्रहण समाप्त होने के उपरान्त स्नान आदि करके भोजन करे। कृपण, श्रोत्रिय और बुद्धिजीवी दाता, इन दोनों के गुण-दोषों को विचार कर देवता लोग दोनों के अन्नों को समान कहते हैं। लोगों के विषम अन्न को सम नहीं करना चाहिए क्योंकि बुद्धिजीवी दाता का अन्न श्रद्धा से पवित्र होता है और कृपण श्रोत्रिय का अन्न अश्रद्धा से अपवित्र होता है, इनको सम नहीं समझना चाहिए।

यज्ञ आदि सत्कर्म श्रद्धापूर्वक करने चाहिए। इसी प्रकार कूप, तड़ाग आदि के निर्माण में भी श्रद्धा के साथ-साथ मनुष्य को आलस्यरहित होना चाहिए। जो धन न्याय-कार्य से अर्जित किया जाता है ओर जो कार्य श्रद्धा से किया जाता है वह अक्षय फल देनेवाला होता है।

सुपात्र को देखकर, प्रसन्न चित्त से भावना पूर्वक यथाशक्ति, नित्य यज्ञों के आयोजन-सम्बन्धी दान-धर्म का पालन करना चाहिए। जो ब्राह्मण दान प्राप्त कर उसका उपयोग निन्दित कर्मों में करता हो उसको दान नहीं देना चाहिए। चारों ओर से धन संचय कर जो उसे धर्म कार्य में न लगता हो उसको तस्कर ही समझना चाहिए। जो कोई याचना करता हो, यदि अपने पास वह वस्तु हो तो उसको अवश्य कुछ-न-कुछ देना चाहिए। क्योंकि देनेवाले को इस प्रकार देते रहने से कभी-न-कभी वह पात्र भी मिल ही जाएगा जिसको देने से उसका कुल तर जाएगा।

जल देनेवाला-तृप्ति का, अन्न देनेवाला-अक्षय सुख का, तिल देनेवाला यथेष्ट सन्तति को और दीपक दान देनेवाला-अच्छी आंख, भूमि देनेवाला, -भूमि, सोना देनेवाला-दीर्घायु, घर देनेवाला-अच्छे-अच्छे भवन, चाँदी देनेवाला-अच्छा रूप और अर्थ, वस्त्र देनेवाला-चन्द्रमा समान लोक अर्थात शरीर, घोड़ा देने वाला भूमि, बैल देनेवाला-बहुत सम्पत्ति, और गाय देनेवाला -सूर्य के समान तेज, सवारी और बिस्तर देनेवाला-सुन्दर भार्या, अभय देनेवाला -राज्य, धान्य देनेवाला-निरन्तर सुख और वेद देने वाला ब्रह्म को प्राप्त होता है।

सभी दानों में जल, अन्न, गौ, पृथ्वी, वस्त्र, तिल, सुवर्ण और घृत आदि का दान श्रेष्ठ बताया गया है और इन दानों से भी श्रेष्ठ दान है-वेद-विद्या का दान। जिस-जिस भाव से जो व्यक्ति जो-जो दान देता है, उसी भाव से वह दिया हुआ सत्कार पूर्वक प्राप्त करता है। जो सत्कार पूर्वक दान देता है और जो उसको उसी भाव से ग्रहण करता है, दोनों ही स्वर्ग के अधिकारी होते हैं और जो इसके विपरीत होते हैं वे दोनों नरक के अधिकारी होते हैं।

तप करके मन में ऐसा भाव न रखे कि मैंने बहुत बड़ा तप किया है और यज्ञ करके असत्य न बोले, पीड़ित होने पर भी विप्रों की निन्दा न करे तथा दान देने पर चारों ओर उसके विषय में कहते न फिरे। अपने दान की स्वयं बड़ाई न करे। झूठ बोलने से यज्ञ नष्ट हो जाता है, अपने तप पर विस्मय करने से वह भी नष्ट हो जाता है। ब्राह्मणों की निन्दा करने से आयु नष्ट होती है और अपने दान का गुणगान करने से दान का फल घट जाता है।

जिस प्रकार दीमक अपनी बांबी को बनाती है इसी प्रकार सम्पूर्ण जीवों को पीड़ा न देते हुए अर्थात् सुखी रखकर परलोक के सुख के लिए धीरे-धीरे धर्म का संचय करें। क्योंकि परलोक में न तो माता-पिता, न पुत्र, न स्त्री, न जाति बान्धव-कोई भी सहायता करनेवाले नहीं होते, वहां तो केवल एक धर्म ही प्राणी की सहायता करने में समर्थ होता है।

प्राणी अकेला जन्म लेता है और अकेला ही मरता है। इसी प्रकार वह अकेला ही अपने सुकर्मों का फल भोगता है और अकेले ही अपने दुष्कर्मों का दुःख भोगता है। जब कोई किसी का सम्बन्धी अथवा प्रिय मर जाता है तो उसको काष्ठ अथवा मिट्टी के ढेले के समान भूमि में छोड़ कर-इसका अभिप्राय है कि उसको जलाकर अथवा भूमि में गाड़कर सभी उसके निकटस्थ बन्धु-बान्धव पीछे लौट जाते हैं। उस समय केवल धर्म ही उसके साथ जाता है। इसलिए परलोक में सुख प्राप्त करने के लिए नित्य ही धीरे-धीरे धर्म का संचय करें, क्योंकि धर्म की सहायता से प्राणी बड़े-बड़े दुस्तर सागर से भी पार लग जाता है।

जो व्यक्ति धर्म को प्रमुख मानता है, जिसने अपने तप के प्रताप से अपने पाप को दूर कर लिया है, ऐसे प्रकाश स्वरूप तथा मुक्त प्राणी को उसका धर्म शीघ्र ही मोक्षधाम को ले जाता है।

जो मनुष्य अपने कुल को उत्कर्ष की ओर ले जाता है वह नीच पुरुषों का सम्पर्क छोड़कर, उनसे त्यागकर, नित्य अच्छे और उत्तम प्राणियों से सम्बन्ध बढ़ाता जाये।

क्योंकि उत्तम पुरुष से सम्बन्ध करने और हीन प्राणियों से संबंध त्याग देने से प्राण श्रेष्ठ बन जाता है। किन्तु यदि वह नीच प्राणियों से संबंध बनाये रखेगा तो स्वयं भी नीचता को ही प्राप्त होता है।

जो व्यक्ति दृढ़व्रती है, कोमल स्वभाव है, जितेन्द्रिय है, क्रूर और दुराचारियों से सदा अलग रहता है, जो हिंसा से परे रहता है, धर्मपरायण है, वह अपनी इन्द्रियों के दमन और दान आदि सत्कर्मों के माध्यम से स्वर्ग को भी जीत लेता है।

ईंधन, जल, कन्द मूल, फल, अन्न और अभय तथा दक्षिणा यदि बिना मांगे प्राप्त हो तो ग्रहण करने में हानि नहीं है। जो भिक्षा दे रहा हो अथवा भिक्षा देने के लिए सामने रखा हो किन्तु उसको किसी ने उससे पहले न मांगा हो तो उसको भी ग्रहण करने में कोई हानि नहीं है। किन्तु जो अयाचित भिक्षा का अपमान करता है उसके पितर उससे पन्द्रह वर्ष तक रुष्ट हो जाते हैं और अग्नि भी उसके हवि को ग्रहण नहीं करती।

चिकित्सक, कृतघ्न, शिल्पी, व्यवसायी, ब्याज पर जीवन चलानेवाला, नपुंसक, और वेश्या का प्रतिग्रह यदि बिना मांगे मिल रहा हो तो भी उसको ग्रहण नहीं करना चाहिए। यह प्रतिग्रह जानबूझकर अपने पास हो तो ग्रहण न करे परंतु यदि अपने पास नहीं है और उस अवस्था में भी ग्रहण कर लेता है तो उससे मनुष्य धर्महीन हो जाता है। शय्या, घर, कुत्ता, गन्ध, जलपुष्प मणि, दधि, धान-मत्स्य-दूध-मांस, शाक आदि यदि कोई स्वेच्छा से दे तो ग्रहण कर लेना चाहिए। इनका अनादर न करें।

गुरु, सेवक आदि, अपनी भार्या, देवता, अतिथि की तृप्ति के लिए सबसे ग्रहण किया जा सकता है, किन्तु स्वयं उसमें से भोजन न करें। अपने माता-पिता का स्वर्गवास हो गया हो अथवा उनके अभाव में जो घर में रहता है और अपनी वृत्ति की इच्छा करता है वह सज्जन पुरुषों से प्रतिग्रह कर जीविका चला सकता है।

जो आधे साझे की खेती करता है, जो अपने कुल से मित्र होता हो, गायों को चरानेवाला, अपना भृत्य या दास और नाई-इन सबका भोजन शूद्र भोजन कहलाता है। जो अपने को भोजन करने के लिए निष्ठा से आमंत्रित करे उसका भी भोजन ग्रहण करने में हानि नहीं है। जिसका जैसा स्वभाव हो और जैसा कोई उसके साथ करता हो, या करने की इच्छावाला हो, उसके साथ वैसा ही व्यवहार करना चाहिए और उसी प्रकार अपनी बात भी कहनी चाहिए।

जो व्यक्ति स्वयं अन्यथा हो, अर्थात अपने को कुछ और बताता हो, सज्जनों में कुछ और ही बोलता हो, वह संसार में पापी माना जाता है, जो अपनी आत्मा को चुराता है अर्थात अपने विषय में असत्य भाषण करता है, वह चोर है।

वाणी में ही सब व्यवहार अर्थात अर्थ निश्चित है, वाणी ही जिनका मूल है, जिस वाणी से सारे व्यवहार निकलते हैं तो जो व्यक्ति उस वाणी को चुराता है अर्थात झूठ बोलता है, उसको सम्पूर्ण चोरियों का करनेवाला पापी माना गया है।

विधिपूर्वक महर्षि अर्थात् आचार्य, पितर और देवताओं के ऋण से उऋण होकर सब कुछ अपने पुत्र को सौंपकर, सांसारिक मोह-माया से मुक्त होकर निवास करें। प्रतिदिन एकांत में बैठकर, अकेले अपने कल्याण की बातों पर ध्यान दें, क्योंकि इस प्रकार कल्याण की बातों पर ध्यान देनेवाला व्यक्ति अधिकाधिक कल्याण मार्ग अथवा मोक्ष की ओर अग्रसर होता जाता है।

इस प्रकार गृहस्थ में स्थित ब्राह्मण की सनातन वृत्ति अर्थात् दिनचर्या कही गई है। यह सत्त्व की वृद्धि करनेवाली मानी गई है और यह स्नातक गृहस्थ के व्रतों का भी विधान बताया गया है।

वेद-शास्त्र भली प्रकार जाननेवाला ब्राह्मण विद्वान इस प्रकार के जीवन को चलाता हुआ, शास्त्रोक्त आचार-व्यवहार का पालन करता हुआ, पाप रहित होकर ब्रह्मलोक में रहता हुआ आनन्द का उपभोग करता है।

पंचम अध्याय

खान-पान तथा धर्म आदि

ऋषि लोगों ने मनु से स्नातक के अनुरूप धर्म अथवा आचरण की बात सुनी तो उसके बाद उन्होंने अग्निवंशी भृगु से कहा-प्रभो! जो ब्राह्मण स्वधर्म का भली-भांति पालन करते हैं और वेद शास्त्र के ज्ञाता हैं, ऐसे विप्र भी यदि अकाल मृत्यु को प्राप्त हो जाते हैं तो वह क्यों?

इसके उत्तर में मनु-वंशी भृगु ने उनसे कहा-जिस दोष के कारण धर्माचरण करनेवाले विप्र विद्वान की अकाल मृत्यु होती है उसका कारण कदाचित् यही है कि उसने वेदों का अध्ययन, अध्यापन विसार दिया है, आचार को छोड़ दिया है, प्रमादी हो गया है तथा उसको अन्न दोष हो गया है अर्थात उसने अखाद्य खाया है या ग्रहण किया है, ऐसा विप्र अकाल मृत्यु को प्राप्त होता है। इससे सिद्ध होता है कि वह स्वधर्म का पालन नहीं करता और वेद शास्त्र का ज्ञाता भी नहीं रहा। अत: उसे विद्वान् विप्र कहना युक्ति-संगत नहीं है।

लहसुन, शलगम, प्याज, कुकुरमुत्ता और जो पदार्थ मैले स्थान पर उपजता है, ये सब पदार्थ द्विजातियों के लिए अभक्ष्य माने गए हैं। लाल रंग के वृक्षों का गोंद, और ऐसे वृक्षों को छेदने से जो रस निकलता है वह तथा लिसौढ़ा, नई ब्याई हुई गाय का दूध, इन सबको यत्नपूर्वक त्याग देना चाहिए। अर्थात् अत्यन्त भूख की अवस्था में भी इनका सेवन नहीं करना चाहिए।

तिल और चावल मिलाकर पकाया हुआ खाद्य पदार्थ, जिसे कृस रसयाव कहा जाता है, लपसी वा खीर तथा मालपुआ ये सब वृथा अन्न माने गए हैं। अत: इनका भक्षण न करे। दस दिन तक प्रसूता गौ का दूध, इसी प्रकार ऊंटनी, घोड़ी आदि, एक खुर वाली का दूध, भेड़ का दूध तथा ऋतुमती अथवा जिसका बच्चा मर गया हो ऐसी गाय का दूध त्याज्य माना गया है। जो दूध अभक्ष्य माने गए हैं, यदि कारण वश उनका सेवन कर लिया गया है तो उसके अपराध के प्रायश्चित्त के लिए एकाग्रता पूर्वक सात दिन का उपवास करना चाहिए।

भैंस को छोड़कर वन में रहनेवाले सभी पशुओं, मृग आदि का दूध और स्त्री का दूध ये सब वर्जित कहे गए हैं। इसी प्रकार बहुत समय तक रखे रहने से बासी होने पर जिनका खमीर बन जाता हो, खटास आ गई हो वे भी वर्जित कहे गए हैं।

ऐसे खट्टे पदार्थों में दही, दही से बना मट्ठा और उससे निकलनेवाला मक्खन ये सब खाद्य माने गए हैं। और जितने पदार्थ हितकारी या गुणकारक हैं तथा पुष्प, मूल, फलों से तैयार किए जाने वाले खाद्य पदार्थ भी सब खाने योग्य बताये गए हैं।

कच्चा मांस खानेवाले सभी पशुओं का मांस, ग्राम में रहनेवाले पशु, जिनका ऊपर वर्णन नहीं किया गया है ऐसे एक खुरवाले पशुओं तथा गर्दभ और टिड्डी का मांस वर्जित है। चिड़िया, परेव, हंस, चकवा, ग्राम का मुरगा, सारस वाले पक्षी जिनके पैरों में जालसा हो, जैसे बाज चील आदि, जो नखों से फाड़कर खाते हैं तथा पानी में डूबकर जो मछलियों को खाते हैं, मारने के स्थान का मांस तथा शुष्क मांस, बगुला, बत्तख, करेरुवा, खञ्जन तथा मछली खानेवाले पशु-पक्षी, विष्टा भक्षण करने वाले सूअर तथा मछलियों की सारी जातियाँ अभक्ष मानी गई है।

जो जिसका मांस खाता है वह उस मांस का खानेवाला कहलाता है। इस प्रकार मछली सबका मांस खाती है, जो मछली का मांस खाता है, वह सबका मांस खानेवाला माना गया है, इसलिए मछली का खाना वर्जित बताया गया है। पाठा और रोहू, दो मछलियों को हव्य कव्य के योग्य बताया है, अत: इनका मांस वर्जित नहीं है। राजीव, सिंहतुण्डा और सब प्रकार की मोटी खालवाली मछली भी भक्ष मानी गई हैं।

अकेले चरने वाले अथवा विचरण करने वाले, और जाने नहीं गए ऐसे मृग-पक्षी और जो भक्ष्यों में गिनाए हैं ऐसे पंच नख, सभी भक्ष्य नहीं माने जाते, जैसे कि बानर और लंगूर आदि हैं। सेह, शल्यक, गोधा, खंग, कछुआ, शश, ये पांच नखवाले पशु भक्ष्य माने गए हैं। इसी प्रकार ऊंट को छोड़कर जिनके एक ओर को दाँत होते हैं, वे भी भक्ष्य माने गए हैं।

छत्रांक, ग्राम-सूअर, लहसुन, ग्राम का मुर्गा, प्याज, शलगम-इनको जो ब्राह्मण खाता है वह पतित और भ्रष्ट माना जाता है। यदि किसी कारणवश इनमें से किसी एक को भक्षण कर लिया हो तो उसके सन्ताप के लिए चन्द्रायण व्रत करके उसका प्रायश्चित्त किया जा सकता है। किन्तु जहां तक सम्भव हो, इनका भक्षण न करे।

यदि कभी बिना जाने अथवा धोखे में अभक्षा का भक्षण कर लिया हो, ऐसी आशंका होने पर विद्वान् व्यक्ति को चाहिए कि वह प्रति वर्ष एक वर्ष में एक बार इन

पापों के निवारण के लिए कृच्छ व्रत कर लिया करे। और यदि जानबूझकर भक्षण किया हो तो उसका प्रायश्चित् तो अवश्य ही कर लेना चाहिए। यज्ञ और पौष्य वर्ग की तृप्ति के लिए ब्राह्मण भक्ष्य और मग तथा पक्षियों का वध करे, क्योंकि आपत्ति काल में केवल जीवित रहना धर्म माना गया है, उसमें यह सब निषिद्ध नहीं है। पूर्व काल में भी अनेक मुनियों को इस प्रकार के अधर्म कृत्य करने पड़े थे।

(ऐसा भी कोई-कोई कहते हैं कि प्राचीन काल में ऋषियों, ब्राह्मणों और क्षत्रियों के यज्ञ में भक्ष्य मृग पक्षियों के पुरोडाश हुआ करते थे।)

जो खाद्य पदार्थ दोष रहित हैं, जो कोई भोज्य पदार्थ घृत आदि चिकनाई से बना है, वह यदि बासी भी हो गया है तो उसको खा लेना चाहिए। इसी प्रकार जो यज्ञ से बची हुई हवि शेष है उसको भी खाना वर्जित नहीं है। उसे खा लेना चाहिए।

जौ और गेहूं से बने पदार्थ तथा दूध के विकार से बने पदार्थ, जैसे खोया मिठाई आदि पदार्थ, घृत चिकने पदार्थ के मेल से न भी बने हों तो ब्राह्मणों को चाहिए कि उनको खा ले। वे देर से बने हुए हों तो और खा लेने चाहिए।

यहाँ तक द्विजातियों के भक्ष्याभक्ष्य का वर्णन किया है। अब इसके उपरान्त के भक्षण और त्याग के विषय में विस्तार से बताया जा रहा है।

(यद्यपि इसके पूर्व भी अनेक श्लोकों के माध्यम से सभी प्रकार के भक्ष्याभक्ष्य का वर्णन किया जा चुका है, तो फिर पुनः मांस के भक्ष्याभक्ष्य की बात कहना युक्त नहीं। इससे यही लगता है कि यह सब प्रक्षिप्त है। अस्तु।)

यदि ब्राह्मण की कामना मांस-भक्षण की हो तो यज्ञ में प्रोक्षण विधि से उसे शुद्ध करके फिर भक्षण करे। यह तभी करना चाहिए जब कि इसके बिना प्राण-रक्षण न होता हो। प्राण-रक्षण के लिए मन में यही भावना होनी चाहिए कि यह सम्पूर्ण खाद्य पदार्थ प्रजापति द्वारा निर्मित है। स्थावर और जंगम यह सब प्राण का भोजन है।

चर जीवों के अचर जीव अर्थात् घास आदि, दाँतवालों के बिना दांत वाले अर्थात् बाघ आदि के हिरण आदि, हाथ बालों के बिना हाथ वाले अर्थात् मनुष्यों के मछली आदि और शूरों के डरपोक आदि परस्पर भोज्य बताए गए है। इस प्रकार भक्षण योग्यों का भक्षण करते हुए खानेवाले को दोष नहीं लगता। क्योंकि विधाता ने ही भोजन और भोजन करनेवालों को उत्पन्न किया है।

(यदि इस सिद्धान्त पर चला जाये तो चोरों और धनिकों को भी भगवान ने ही बनाया है, तो क्या चोरी करना भी पाप नहीं माना जाएगा?)

यज्ञ के निमित्त मांस भक्षण करता है तो उसको देव विधि ही मानना चाहिए। किन्तु कोई स्वाद के लिए मांस भक्षण करता है तो उसको देव विधि न मानकर राक्षस विधि मानना चाहिए।

मोल लेकर अथवा आप ही मारकर या किसी अन्य द्वार लाकर दिया गया मांस सर्वप्रथम देवता और पितरों को भोग लगाकर फिर स्वयं खाने में दोष नहीं बताया गया है।

यदि विपत्ति काल न हो और जो ब्राह्मण विधि का ज्ञाता है, उसको चाहिए कि बिना विधि के मांस-भक्षण नहीं करे। अन्यथा उसके मरने पर जिस-जिस जन्तु का उसने मांस खाया है, वे-वे जन्तु सब उसका मांस नोच-नोचकर खा जाते हैं।

जो व्यक्ति आजीविका के लिए पशुओं का वध करते हैं, उनको वैसा पाप नहीं होता जैसा कि बिना देवता और पितरों का भोग लगाए स्वयं मांस भक्षण करनेवाले को पाप लगता है।

मधुपर्क या श्राद्ध में जिसको विधि पूर्वक नियुक्त किया गया है। वह यदि मांस भक्षण नहीं करता है तो वह मरकर इक्कीस बार पशु योनि में जन्म लेता है। मन्त्रों से जिसका संस्कार न किया गया हो, विद्वान् को चाहिए कि वह उन पशुओं का मांस कभी न खाये तथा विधि पूर्वक यज्ञ आदि में निश्चित किया गया मांस भक्षण करने में किसी प्रकार का दोष नहीं है।

यदि खाने की ही इच्छा हो तो घृत और मैदे का पश बनाकर यथाविधि उसका भोजन करे। कहने का अभिप्राय यह है कि उस पदार्थ का स्वाद इस प्रकार का बनावे कि जिससे उसकी मांस खाने की तृप्ति-लाभ हो। किन्तु बिना देवता की भेंट करने की इच्छा के कभी भी पशुवध न करे। क्योंकि जो बिना देवता के उद्देश्य के पशु का वध करता है वह मरने पर जितने उस पशु के रोम हैं उतने जन्मों तक वह पशु-योनि में जन्म लेकर अन्यों द्वारा मारा जाता है।

(इस श्लोक का कदाचित् यही अभिप्राय हो कि किसी प्रकार भी पशु-हिंसा न करे। क्योंकि ऐसा करने से मनुष्य मरणोपरान्त घोर यातना भुगतता है। किन्तु मांस भक्षण के पोषकों ने इसका अर्थ अपने अनुसार ढाल लिया है।)

ब्रह्मा ने स्वयं ही सब प्रकार के यज्ञों की सिद्धि और वृद्धि के लिए पशुओं की रचना की है। इसलिए यज्ञ कार्य के लिए जो पशु-वध किया जाता है उसे वध नहीं माना जाता। औषधि, पशु, कूर्मादि और पक्षी यदि यज्ञा के निमित्त मारे जावें तो वे मरणोपरान्त उत्तम योनि को प्राप्त होते हैं।

मधुपर्क, यज्ञ और श्राद्ध तथा देवकर्म में ही पशु-वध करना उपयुक्त है, अन्यथा नहीं। वेद का तत्त्वार्थ जाननेवाला द्विज इन्हीं मधुपर्क आदि में पशु हिंसा करता हुआ स्वयं तथा मृत पशु, दोनों को उत्तम गति प्राप्त करता है।

गृहस्थाश्रम अथवा ब्रह्मचर्याश्रम या वानप्रस्थाश्रम में रहता हुआ विजितेन्द्रिय द्विज शास्त्र के विरुद्ध की जानेवाली हिंसा किसी भी प्रकार न करे चाहे उसके लिए आपात्काल ही क्यों न आया हुआ हो।

इस जगत् में जो वेद विहित हिंसा चराचर में नियत है, उसको हिंसा नहीं अहिंसा ही मानना चाहिए। क्योंकि वेद से धर्म का ही प्रकाश हुआ है।

जो व्यक्ति अपने सुख की कामना से कभी न मारने योग्य प्राणियों की हत्या करता है वह जीते हुए मरकर भी कहीं भी सुख को प्राप्त नहीं करता।

जो व्यक्ति प्राणियों को बन्धन में डालने, उनको वध करने, उनको पीड़ा पहुँचाने, आदि आदि की इच्छा नहीं करता वह सब प्राणियों का हितैषी है और अत्यधिक सुख का भागी बनता है।

जो व्यक्ति किसी भी प्राणी की हिंसा नहीं करता, वह जिसका ध्यान करता है, तथा जिस काम को वह करता है और जिस कार्य में वह धैर्य से मन लगाता है, उससे वह सुगमता से प्राप्त कर लेता है।

मांस तो प्राणियों की हिंसा करने पर प्राप्त हो सकता है, उसके बिना नहीं। और जीवों की हत्या करना किसी भी प्रकार स्वर्गकारक अथवा सुखकारक नहीं कहा जाता। इस कारण समझदार व्यक्ति को चाहिए कि वह मांस भक्षण की इच्छा न करे।

मनुष्य जानता है कि मांस किस प्रकार प्राप्त किया जाता है अत: प्राणियों की हत्या और बन्धन के कष्टों को देखकर, समझकर सब प्रकार के मांस-भक्षण से दर रहे।

जो विधि छोड़कर पिशाचवत् मांस भक्षण नहीं करता वह लोगों में प्रिय होता है और उसको रोग भी नहीं सताते। (इससे यह सिद्ध भी होता है कि मांस भक्षण रोगकारक भी होता है।)

मांस-भक्षण के लिए मारने की आज्ञा देनेवाला, अंगच्छेद करनेवाला अर्थात् मांस को काटनेवाला, पशु को स्वयं मारनेवाला, मारने के उद्देश्य से पशु का क्रय और विक्रय करनेवाला, पकानेवाला, परोसनेवाला और खानेवाला ये सब एक समान हत्यारे हैं।

देव और पितरों के पूजन बिना जो पराए मांस से अपना मांस बढ़ाने की इच्छा करता है उससे बढ़कर कोई पाप करने वाला नहीं होता। जो सौ वर्ष तक प्रतिवर्ष अश्वमेध यज्ञ करता है और जो जन्म पर्यन्त मांस-भोजन नहीं करता इन दोनों को एक समान पुण्य फल प्राप्त होता है।

जो ब्राह्मण मांस नहीं खाता, मानों वह सदा यज्ञ करता है, दान देता है, तपस्वी है। पवित्र फल मल के भोजन और मुनियों के अन्न खाने से वह फल नहीं जो मांस के छोड़ने से प्राप्त होता है।

इस लोक में जो जिसका मांस खाता है, परलोक में वह उसका मांस खायेगा। विद्वान लोग इसको मांस का मांसत्व कहते हैं। मांस-भक्षण और मद्यपान तथा मैथुन में मनुष्यों की स्वाभाविक प्रवृत्ति होती है, इसलिए इसमें दोष नहीं और इनको छोड़ देवे तो बड़ा पुण्य है।

अब चारों वर्गों की क्रमश: प्रेम-शुद्धि अर्थात् मृत्यु के बाद की जानेवाली शुद्धि और फिर उसी प्रकार चारों वर्गों के लिए पदार्थों की शुद्धि को कहता हूं।

दाँत निकलने पर ही व दाँत निकलने के अनन्तर और चूड़ा कर्म होने पर मरने से सब बान्धवों को अशुद्धि और सूतक लगता है।

सपिण्डों में मृतक का अशौच दस दिन रहता है, किन्हीं को यह अशौच अस्थि-संचयन तक रहता है, किन्हीं को तीन दिन और किन्हीं को केवल एक दिन। सातवीं पीढ़ी में सपिण्डता का सम्बन्ध छूट जाता है और कुल में जन्म हुओं का नाम-जन्म भी स्मरण न रहे तो तब समानोदकता छूट जाती है।

जैसा मरने पर सपिण्डों को यह अशौच के दिन बताये गए हैं वैसे ही पुत्र आदि उत्पन्न होने पर भी अच्छी शुद्धता की इच्छा करनेवालों को अशौच होता है।

जन्म और मृत्यु में दस दिन तक कुल का अन्न भोजन नहीं किया जाता। देना, लेना, यज्ञ और स्वाध्याय रुके रहते हैं। (इस प्रकरण में सपिण्ड शब्द से किसी को मृतक श्राद्ध का भ्रम न हो किन्तु शरीर का नाम पिण्ड समझना चाहिए।) सात पीढ़ी तक पूर्वज के वीर्य से थोड़ा-बहुत प्रभाव सन्तानों में चलता है। इसके पश्चात् सपिण्डता नहीं रहती और जो जिसको जब तक जानता रहे कि अमुकनामा व्यक्ति हमारे वंश में था, उसकी सन्तान तब तक परस्पर उत्तरार्द्धानुसार समानोदक होती है।

मृत निमित्त अशौच सब सपिण्डों को और जन्म निर्मित अशौच माता-पिता को ही रहता है। उसमें भी पिता स्नान करने से शुद्ध हो जाता है, माता को ही सूतक रहता है।

जो ज्ञानयज्ञ में प्रवृत्त है और दान-धर्म का फल चाहता है, त्रेतायुग धर्म के अनुरोधार्थ उस वानप्रस्थ के लिए यह विधान है।

पुरुष अपने वीर्य को निकालकर स्नानमात्र से शुद्ध हो जाता है और पराई भार्या में पुत्र उत्पन्न करने से तीन दिन तक अशौच रहता है। जन्म में भी ऐसे ही माता-पिता को सूतक लगता है। वास्तव में माता को ही सूतक होता है, पिता तो स्नान करने के उपरान्त शुद्ध हो जाता है।

मृतक के स्पर्श करनेवाले एक और तीन गुणा (3-9-10) दिन रात में शुद्ध होते हैं और मरते समय कण्ठ में पानी देनेवाले अथवा अस्थिसंचयन में चिता पर जल छिड़कनेवाले तीसरे दिन शुद्ध होते हैं।

मृत गुरु की अन्त्येष्टि करता हुआ शिष्य प्रेत, मुर्दा उठाने वालों के साथ दशवें दिन शुद्ध होता है। जितने मास का गर्भस्राव हो उतने दिन में स्त्री शुद्ध होती है। और रजस्वला स्त्री जिस दिन रज: निवृत्ति हो उस दिन स्नान करके शुद्ध होती है।

जिन बालकों का चूड़ा कर्म नहीं हुआ, उनके मरने से एक दिन में और जिनका चूड़ा कर्म हो गया है उनके मरने से तीन दिन में शुद्धि होती है।

सब वर्गों के बच्चे, जो संस्कार से पूर्व मर गये हों, उनकी तीन दिन में शुद्धि होती है और कन्याओं की एक दिन में। जिसके दांत न जमे हों उसकी तत्काल और फिर चूड़ा कर्म तक आयुवाले को एक रात्रि भर और फिर उपनयन संस्कार आयुवाले की तीन रात्रि और उसके पश्चात 10 रात्रि की अशुद्धि है। जो स्त्री प्रथम किसी अन्य की थी उसकी और उसमें जन्मे पुत्रों की और नाना की अशुद्धि तीन रात्रि तक असपिण्डगोत्रियों की एक दिन ही है।

जिसकी आयु के पूरे दो वर्ष न हुए हों, ऐसे मृत बालक को बान्धव लोग ग्रामादि के बाहर शुद्ध भूमि में स्वच्छ करके दबा दें। इसका अग्नि-संस्कार न करें। इसकी उदक क्रिया भी न करें किन्तु केवल जंगल में काष्ठवत् दबा दें और तीन दिन अशौच रखें। अथवा जिसके तीन वर्ष पूरे न हुए हों, उस बालक की बान्धव उदक क्रिया न करें अथवा जिसके दांत ही उत्पन्न हुए हों व नामकरण ही हुआ हो उसके दाहादिक संस्कार करें तो अच्छा है।

सहाध्यायी के मरने में एक दिन अशौच कहा गया है और समानोदकों के पुत्रादि जन्में तो तीन दिन में शुद्धि चाही है। जिन स्त्रियों का संस्कार नहीं हुआ उनके मरने में

उनके बान्धव और उनके सनामि भी तीसरे दिन शुद्ध होते हैं। ऐसी पराई स्त्रियों में उनके जन्म तथा मृत्यु और नाना के मृतक में तीन दिन में शुद्धि होती है परन्तु सपिण्डों में एक रात्रि में ही शुद्धि हो जाती है।

अशौच में क्षार रहित अन्न का भोजन करें और तीन दिन स्नान करें तथा मांस-भक्षण न करें। भूमि पर अकेले सोयें।

यह समीप रहने में मृत-सम्बन्धी अशौच का विधान कहा। विदेश रहने में उसके सम्बन्धी बान्धव आगे कहे के अनुसार अशौच विधान जानें।

यदि कोई विदेश में मरा हो और उसको दस दिन पूरे न हुए हों तो सुनने पर तो दस दिन में जितने दिन शेष हों उतने दिन का अशौच रहे। यदि तीन मास बीतने पर सुने तो डेढ़ दिन और 9वें मास सुने तो 1 दिन के भीतर तथा इसके बाद सुनने पर केवल स्नान मात्र से शुद्ध होता है। दस दिन व्यतीत होने पर सुने तो तीन दिन अशौच रहता है और एक वर्ष बीतने के उपरान्त सुनने पर केवल स्नान मात्र से शुद्धि हो जाती है।

दस दिन हो जाने पर जातिबन्धु के मरण अथवा पुत्र-जन्म सुनकर मनुष्य सचैल स्नान मात्र से शुद्ध हो जाता है। सगोत्र बालक देशान्तरस्थ तथा असपिण्ड का मरण सुनकर सचैल स्नान करने से उसी समय शुद्ध हो जाता है। दशाह के बीच यदि पुनः किसी के मरने वा मारने से अशौच हो जाये तो विप्र तब तक शुद्ध होगा जब तक कि उसके दस दिन पूरे न हो जायें। आचार्य के मरने पर शिष्य को तीन दिन अशौच रहता है और आचार्य के लड़के या स्त्री के मरने पर एक दिन का अशौच रहता है।

श्रोत्रिय के मरने पर तीन दिन और माता, शिष्य, ऋत्विक और बान्धवों के मरने पर डेढ़ दिन अशौच रहता है। जो जिसके राज्य में रहता हो उस राजा के मरने में सूर्यास्त तक अशौच रहता है और जो श्रोत्रिय न हो तो सारा दिन और जिसने पूर्ण वेदाध्ययन किया हो या गुरु हो तो उसका भी अशौच एक दिन रहता है।

ब्राह्मण दस दिन में, क्षत्रिय 12 दिन में, वैश्य 15 दिन में और शूद्र एक मास में शुद्ध होता है।

यदि क्षत्रिय, वैश्य, शूद्र और ब्राह्मण के दायाद-बान्धव हों तो उनके अशौच में ब्राह्मण की दस दिन में शुद्धि होती है। इसी प्रकार क्षत्रिय और वैश्य को भी अपने से हीन योनि सम्बन्धियों की मृत्यु में वर्णानुसार शुद्धि के लिए शौच करने का नियम है।

ब्राह्मण अपने वर्णस्थ सम्बन्धियों के जन्म व मृत्यु में दस दिन में, क्षत्रिय 6 दिन में और वैश्य के तीन दिन में तथा शूद्र की एक दिन में शुद्धि होती है।

सब उत्तम वर्ण निरालस्य होकर उस वर्णास्थ सम्बन्धियों का उस-उस वर्णानुसार और स्ववर्णों का स्ववर्णानुसार अशौच माने।

मरणाशौच के दिन न बढ़ावें और अग्निहोत्रादि क्रिया का विधान न करे। उस कर्म के करते हुए सनाभि अशुचि नहीं है।

चांडाल, रजस्वला, पतिता, प्रसूता, शव और शव के स्पर्श करनेवाले को छूने पर स्नान मात्र से शुद्ध हो जाता है। आचमन से शुद्ध हुआ मनुष्य चाण्डाल आदि के अशुचि दर्शन होने पर सौर मन्त्र और पवमान देवतावाले मन्त्रों को शक्ति और उत्साह के अनुसार जप करे।

मनुष्य की स्नेहयुक्त अस्थि छूने से विप्र स्नान करके शुद्ध हो जाता है और जिसमें चिकनाई न हो उसके स्पर्श करने से आचमन ही से या गौ या भूमि के स्पर्श से या सूर्य के दर्शन से पवित्र हो जाता है।

ब्रह्मचारी व्रत की समाप्ति पर्यन्त प्रेतोदक न करे। समाप्ति के अनन्तर प्रेतोदक करे तो त्रिरात्र से ही शुद्ध हो जाता है।

वृथा वर्णसंकरों, संन्यासियों और आत्मघातियों की उदक क्रिया आवश्यक नहीं। पाखण्डियों, स्वैरिणियों और गर्भपात, पतिघात, सुरापान करनेवाली स्त्रियों की भी उदक क्रिया न करे।

अपने आचार्य, उपाध्याय, पिता, माता तथा गुरु के प्रेतकृत्य करने से ब्रह्मचारी का व्रत भंग नहीं होता।

शूद्र के मुर्दे नगर के दक्षिण द्वार से और वैश्य के पश्चिम, क्षत्रिय के उत्तर और ब्राह्मण के पूर्व से निकालें।

राजा और ब्रह्मचारी चान्द्रायणादि व्रत करनेवाले और यज्ञ करनेवालों को अशौच नहीं लगता, क्योंकि ये इन्द्र के पद पर बैठे हुए सदा निष्पाप हैं।

माहात्मिक राजपद में स्थिति राजा को उसी समय पवित्र कहा है। प्रजा की रक्षार्थ न्यायासन पर बैठना ही इनका कारण है।

बिना शस्त्र की लड़ाई में तथा बिजली से या राजाज्ञा द्वारा फांसी का दण्ड मिलने पर तथा गौ-ब्राह्मण की रक्षा के लिए मरे हुए का और जिसको राजा अपने कार्य के

लिए चाहे उसका तत्काल शौच कहा है। चन्द्र, अग्नि, सूर्य, वायु, इन्द्र, कुबेर, वरुण और यम, इन आठ लोकपालों का शरीर राजा धारण करता है। अर्थात् राजा में लोक पालनार्थ ये आठ दिव्य गुण होते हैं।

क्योंकि राजा इन्द्रादि 8 लोकपालों के स्थान पर रहता है, इसलिए राजा को अशौच नहीं कहा गया है। क्योंकि मनुष्य शौच और अशौच लोकपालों से उत्पन्न और नष्ट होता है। संग्राम में उद्यत शास्त्रों से क्षात्रधम से, सामने लड़ाई में मरे का यज्ञ उसी समय समाप्त होता है और शौच भी तत्काल हो जाता है।

प्रेतक्रिया करके ब्राह्मण जल को स्पर्श कर, क्षत्रिय शस्त्र और वाहनादि को तथा वैश्य हांकने के दण्ड या लगाम को और शूद्र लाठी को छू कर शुद्ध होता है।

यह सपिण्डों में अशौच विधान कहा गया है। अब आगे असपिण्डों में शौच विधान का वर्णन किया जाता है।

यदि ब्राह्मण असपिण्ड मृत द्विज का स्नेह से बंधु के समान अन्त्येष्टादि कर्म करे और माता के सम्बन्धवाले बान्धवों के दाह आदि करे तो तीन दिन में शुद्ध होता है। जो दाह आदि करनेवाला विप्र मृतक के सपिण्डों का अन्न खाता हो तो 10 दिन में और जो उनका अन्न न खाता हो और उस घर में भी न रहता हो तो एक दिन में शुद्ध हो जाता है।

स्वजाति या अन्य जाति के मुर्दे के पीछे जानबूझकर जाने से सचैल स्नान, अग्नि स्पर्श और घृत को खाकर शुद्ध होता है। सजातियों के रहते हुए ब्राह्मण के मुद्दे को शूद्र के दाहार्थ न लिया जाये। क्योंकि शूद्र के स्पर्श से दूषित आहुति सुख देनेवाली नहीं होती।

ज्ञान, जप, अग्नि, आहार, मिट्टी, मन, जल, लेप करना, वायु, कर्म, सूर्य और काल-ये प्राणियों की शुद्धि करनेवाले पदार्थ हैं। इन सब शौचें में अर्थ शौच अर्थात अन्याय करके दूसरे का धन न लेने की इच्छा रूप जो शौच है, वह सबसे श्रेष्ठ कहा है। जो अर्थ से शुद्ध है वही शुद्ध है। जल, मिट्टी आदि से जो शुद्ध हुआ मानता है, वह किसी प्रकार की शुद्धि नहीं।

विद्वान जन क्षमा से शुद्ध होते हैं, जो यज्ञादि क्रिया नहीं कर सकते अथवा जो अकार्यकारी होते हैं उनकी शुद्धि दान से होती है। जो प्रच्छन्न अथवा गुप्त पाप करते हैं उनकी शुद्धि जप से होती है और उत्तम विद्वान, वेद का ज्ञाता तप से शुद्ध होते हैं।

मलयुक्त अशुद्ध वस्तु मृत्तिका और जल से शुद्ध होती है। जो स्त्री मन से दूषित है, वह रजस्वला होने पर शुद्ध हो जाती है और ब्राह्मण श्रेष्ठ है वह त्याग अथवा संन्यास से शुद्ध होता है।

जल से शरीर के बाहरी अंग शुद्ध होते हैं। मन की शुद्धि सत्य बोलने से होती है। विद्या का अध्ययन और तप करने से जीवात्मा शुद्ध होती है। तथा ज्ञान के अर्जन से बुद्धि शुद्ध होती है।

इस प्रकार यह शरीर और शुद्धि का निर्णय तुमसे कहा है और अब विभिन्न प्रकार के द्रव्यों की शुद्धि का निर्णय सुनो।

तेजस् अर्थात् चमकीले सोने जैसे आदि पदार्थ और मणियां तथा सब प्रकार के पत्थरों के पात्रों की शुद्धि विद्वानों ने राख, जल तथा मिट्टी से कही है। सोने का बर्तन जिसमें जूठन आदि न लगी हो, जल में उत्पन्न होनेवाली मोती अथवा सीपी तथा शंख से बना पात्र और पत्थरों के पात्र चित्रकारी आदि खुदाई से रहित चाँदी का पात्र केवल जल से ही शुद्ध हो जाता है। जल और अग्नि के संयोग से चाँदी सोना उत्पन्न हुआ है इसलिए इनका शोधन अपनी योनि से उत्तम होता है।

तांबा, लोहा, कांसा, पीतल, रांगा और सीसा इनके पात्रों की शुद्धि यथायोग्य राख, खट्टा, पानी आदि से करनी चाहिए।

घी, तेल आदि सभी द्रव पदार्थों की शुद्धि छानने से और ठोस वस्तु अर्थात् लकड़ी को चौकी आदि की शुद्धि पोंछने से और लकड़ी के पात्रों की शुद्धि छीलने से होती है। परन्तु यज्ञ-कर्म में यज्ञ-पात्रों की शुद्धि हाथ से मार्जन द्वारा और चमचों और कटोरों की शुद्धि धोने से हो जाती है। चरू, स्रुक, स्रुव, स्फ्य, छाज, शकट, मूसल, ऊखल आदि यज्ञ पात्रों की शुद्धि ऊष्ण जल से धोने से होती है।

बहुत से अन्नों और वस्त्रों की शुद्धि जल से पोंछने अर्थात् डुबाने मात्र से हो जाती है। किन्तु कुछ अन्न एवं वस्त्रों की शुद्धि जल से मसलकर धोने से होती है।

जिन मृत बालकों की शुद्धि तीन दिन में कही गई है उनके वस्त्रों की आयु के अनुसार किन्हीं के जल छिड़कने से, किन्हीं के धूप में सुखाने से और किन्हीं मैले वस्त्रों को जल में भली प्रकार धोने से हो जाती है।

चमड़े के बर्तनों की शुद्धि वस्त्रों के समान ही होती है। बांस के पात्रों की शुद्धि भी उसी प्रकार होती है और शाक, कन्द-मूल, तथा फलों की शुद्धि अन्नों के समान जल में धोने से होती है।

रेशमी और ऊनी वस्त्रों की शुद्धि राख से अथवा चार मिश्रित पदार्थों से, कम्बलों की शुद्धि रीठों से तथा सन आदि के बने वस्त्रों की शुद्धि बेल फलों से और छाल से बने वस्त्रों की शुद्धि सफेद सरसों से होती है।

शंख, सींग, हड्डी, दांत के बने पदार्थों की शुद्धि बुद्धिमान व्यक्ति को छाल के वस्त्रों के समान अथवा गौमूत्र और पानी से कर लेनी चाहिए।

घास, काठ, पुआल से बनी वस्तुओं को जल में डुबाकर पोंछने से शुद्धि होती है। घर की शुद्धि धोने, बुहारने और लीपने-पोतने से होती है। मिट्टी का पात्र फिर से आग में पकाने से शुद्ध हो जाता है।

शराब, मूत्र, मल, थूक, राध और खून से दूषित मिट्टी का पात्र दुबारा पकाने से भी शुद्ध नहीं होता।

बुहारना, लीपना, छिड़काव करना या धोना, खुरचना और गौओं का निवास इन पाँचों से भूमि की शुद्धि हो जाती है।

पक्षी का खाया हुआ अथवा गाय का सूंघा हुआ, पैर से कुचला हुआ जिसके ऊपर छींक दिया गया हो जो कीड़ों तथा केशों से दूषित हुआ हो वह स्थान मिट्टी डालने से शुद्ध हो जाता है।

जब तक अशुद्ध वस्तु से उस अशुद्ध वस्तु की गन्ध और लेप नहीं दूर हो जाते मिट्टी और जल से धोए जानेवाले सब पदार्थों की शुद्धि के लिए उन्हें तब तक मिट्टी और जल से धोते रहना चाहिए।

देवताओं ने ब्राह्मणों के तीन पदार्थ पवित्र कहे हैं। एक अदृष्ट, दूसरा जो पानी से धो लिया हो, तीसरी वाणी जो प्रशंसित हो। जिस पानी में गाय की प्यास निवृत्त हो सके और जो अभेध्ययुक्त न हो तथा गन्ध, वर्षा और रस से ठीक हो ऐसा पानी भूमि में शुद्ध है।

कारीगरों का हाथ, दूकान पर बेचने के लिए रखी गई प्रत्येक वस्तु, और ब्रह्मचारी की भिक्षा ये सदा पवित्र होते हैं। यह शास्त्र की मर्यादा है।

स्त्रियों का मुख सर्वदा पवित्र माना गया है तथा पक्षी फल गिराने में और बछड़े का मुख दोहन के समय और कुत्ते का मुख शिकार पकड़ने के समय पवित्र माना गया है।

कुत्तों का मारा हुआ मांस पवित्र है-ऐसा कथन है। अन्य व्याघ्र, चील आदि तथा चाण्डाल आदि या दस्युओं के मारे का मांस भी पवित्र है।

अग्नि शुद्ध है और वायु बाहर बहता हुआ शुद्ध है। एकान्त देश का जल और चलता हुआ मार्ग शुद्ध है।

नाभि से ऊपर जो इन्द्रियाँ है, वे पवित्र और जो नाभि से नीचे हैं वे अपवित्र हैं, देह से निकला हुआ मल अशुद्ध है।

मक्षिका और उड़ते हुए छोटे-छोटे जलबिन्दु और छाया, गाय, घोड़ा, सूर्य की किरण, धूलि, भूमि, पवन और अग्नि, इन सबको स्पर्श में पवित्र समझा जाता है।

मल-मूत्र के त्याग और देह के बारहों मलों की शुद्धि के लिए उतनी मृत्तिका और जल ले जितने से दुर्गन्ध आदि मिट जाये। चर्बी, वीर्य, रक्त, मज्जा, मूत्र, विष्टा, नाक का मैल, कान का मैल, कफ, आँसू, आंख की कीचड़ और पसीना ये मनुष्यों के बारह मल हैं। जो लोग इन मलों से शुद्धि चाहते हैं उनको चाहिए कि मल-मूत्र की शुद्धि के लिए मल-मूत्र के स्थानों पर मिट्टी शुद्ध करके जल से दस बार धोये। यह शुद्धि गृहस्थ की है। ब्रह्मचारियों की इससे दुगुनी, वानप्रस्थों की तिगुनी और यतियों की चौगुनी है। मल-मूत्र त्यागने के उपरान्त शुद्ध होकर आचमन करे, चक्षु आदि का जल से स्पर्श करे। वेद के पढ़ने से पूर्व और भोजन करने से पूर्व भी सदा आचमन करे।

शरीर को पवित्र करने की इच्छावाला व्यक्ति भोजन के बाद तीन बार आचमन करे और फिर दो बार मुख धोये।

न्याय पर चलनेवाले शूद्रों का मुण्डन महीने भर में कराना चाहिए और सूतकादि में वैश्य के तुल्य शौच विधि तथा द्विजों के भोजन से शेष भोजन करे।

मुख से निकले जो थूक के छींटे शरीर पर गिरते हैं वे और मुख में गई हुई मूछें, तथा दाँत के भीतर रहनेवाला अन्न जूठा नहीं कहलाता है।

बकरी और घोड़ा मुख से पवित्र है। गाय पीठ से पवित्र है। ब्राह्मण पाँव से पवित्र है और स्त्रियां सब ओर से पवित्र हैं। गौ का मुख अपवित्र है, परन्तु बकरी का मुख पवित्र है और गौ का गोबर और मूत्र पवित्र है।

दूसरे के आचमन को जल देनेवाले के पैरों पर जो बिन्दु पड़ते हैं उनको भूमि के जल बिन्दु समान ही समझना चाहिए। उनसे कोई अशुद्ध नहीं होता।

दाँतों में घुसा अन्न दाँतों के तुल्य शुद्ध है, परन्तु वह जीभ से न लगता हो। तथा जब वह दांत से निकल जाये तो उसको निगलने में ही वह शुद्ध है।

उच्छिष्ट पुरुष से कोई द्रव्य हाथ में लिए हुए छू गया हो तो उस द्रव्य को अलग किए बिना ही आचमन करके शुद्ध हो जाता है। वमन तथा दस्त जिसे हुआ हो वह

स्नान करके घृत खावे और भोजन करके वमन किया हो तो आचमन करके ही और मैथुनवाला स्नान से शुद्ध होता है।

ऋतु से भिन्न काल में मैथुन करनेवाले को मिट्टी से शौच करना चाहिए। जिस प्रकार मल-मूत्र त्याग के उपरान्त किया जाता है। परन्तु ऋतु में गर्भ की शंका युक्त होने से स्नान करने का विधान है।

सोकर, छींककर, भोजन करके, थूककर, भूल से झूठ बोलकर और पानी पीकर तथा पढ़ने के पूर्व समय में शुद्ध हुआ व्यक्ति भी आचमन द्वारा पुनः शुद्धि करे।

यह सब वर्गों के लिए सम्पूर्ण शरीर की शुद्धि और उसी प्रकार सब पदार्थों की शुद्धि का वर्णन आपसे किया गया है। अब स्त्रियों के धर्म आदि के विषय में कहते हैं, उसको जानिए।

बालक, वृद्ध या युवती स्त्री किसी भी घर में स्वतन्त्रता से कोई काम न करे। बाल्यावस्था में पिता के, यौवन में पति के और पति के मरने पर पुत्रों के अधीन रहे। इस प्रकार स्त्री कभी स्वतन्त्र न रहे।

कोई भी स्त्री पिता, पति अथवा पत्रों से अलग रहने की इच्छा न करे, क्योंकि इनसे अलग रहने से यह आशंका रहती है कि कभी कोई ऐसी बात न हो जाये, जिससे दोनों पिता तथा पति के कुलों की निन्दा या बदनामी हो।

स्त्री को चाहिए कि वह सदा अति प्रसन्नता से घर के कामों में निपुणता से सब पदार्थों की सफाई और घर की शुद्धि रखे तथा व्यय में अत्यन्त उदार रहे।

पिता अपनी कन्या का हाथ जिस भी पुरुष के हाथ में दे-दे अथवा पिता की सहमति से भाई जिससे विवाह करे आजीवन उसकी सेवा करे और मरने के बाद पतिव्रत धर्म का पालन करे, पतिव्रत धर्म का कभी उल्लंघन न करे।

विवाह के अवसर पर जो स्वस्तिपाठ और प्रजापति यज्ञ आदि किया जाता है वह इनके कल्याण की भावना से ही किया जाता है। विवाह में स्त्रियों को पति के लिए सौंप देना ही इन पर पति को अधिकार होने का कारण है।

विवाह में पाणिग्रहण करनेवाला पति सदा सभी ऋतुओं में सुख देनेवाला कहा गया है। पत्नी द्वारा उसकी सेवा किए जाने से पत्नी को इस लोक में तथा परलोक में भी सुख प्राप्त होता है। पति यदि शील-रहित, कामी तथा विद्या आदि गुणों से हीन भी हो तो भी स्त्री के लिए वह सेवा करने योग्य ही है।

जो कन्या पिता अथवा भाई द्वारा कन्यादान किए जाने के बाद पति की आजीवन सेवा करती है और पतिव्रत धर्म का किसी भी प्रकार उल्लंघन नहीं करती वह अरुन्धती के समान पूज्य मानी जाती है।

पति के बिना स्त्रियों का अलग कोई यज्ञ नहीं है, न कोई व्रत है, न उपवास, केवल पति की सेवा ही उसका सबसे बड़ा व्रत और तप है। इसी से वह पूज्या हो जाती है।

पति के जीवित रहते हुए भी जो स्त्री उपवास करती है अर्थात् भूखे रहनेवाला व्रत रखती है, वह पति की आयु में बाधा पहुंचानेवाली होकर नरक की भागिनी होती है। जो स्त्री पतिलोक की इच्छा करती है उसको चाहिए-वह जीवित अथवा मृत पति के विषय में अथवा उसके सम्मुख किसी प्रकार के अप्रिय वचन न बोले और न ऐसा कोई कर्म करे।

पति के मरणोपरान्त स्त्री को चाहिए कि वह किसी भी प्रकार परपुरुष की कामना न करे, भले ही उसको पुष्प, मूल और फलों के आहार से देह को कृश करने की ही आवश्यकता क्यों न पड़ जाये। शरीर की दुर्बलता और कृशता से कामनाएं शान्त हो जाती हैं। इस प्रकार किसी भी पत्नी को चाहिए कि वह सदा पतिव्रत धर्म का पालन करने के लिए तत्पर रहे और उसका आजीवन पालन करे।

संसार में इस प्रकार के अनेक उदाहरण हैं जब सहस्रों-सहस्रो ब्रह्मचारी आजीवन ब्रह्मचर्यव्रत का पालन करते हुए, बिना पुत्रोत्पादन के स्वर्ग सिधारे हैं, इसी प्रकार साध्वी स्त्री भी पति के मरने पर आजीवन ब्रह्मचर्य व्रत का पालन करते हुए, कामना रहित जीवन बिताते हुए बिना पुत्र उत्पन्न किए भी मर जाये तो मरणोपरान्त उसको स्वर्ग की प्राप्ति होती है।

पुत्रप्राप्ति की इच्छा अथवा लोभ में जो स्त्री पर-पुरुष की इच्छा करती है अथवा उससे सम्बन्ध स्थापित करती है वह इस लोक में निन्दित होती है और मरणोपरान्त पति लोक से भी वंचित रह जाती है। दूसरे पुरुष से व्यभिचार द्वारा उत्पन्न हुई सन्तान शास्त्र के अनुसार उसकी नहीं कहलाती और वह संतान न दूसरी स्त्री में उत्पन्न करनेवाले की ही है और साध्वी स्त्रियों का कोई दूसरा विवाहित पति भी नहीं माना गया है।

जो स्त्री अपने विवाहित पति को उसके किसी प्रकार के निम्नगुण या कुल के किसी अन्य उच्च कुल तथा गुणोंवाले पुरुष को पति रूप में ग्रहण करती है वह लोक में

निन्दा की पात्र बनती है और लोग उसके विषय में कहते हैं 'यह तो दो पतियों की पत्नी है।' इस प्रकार पर-पुरुष के भोग से स्त्री इस लोक में निन्दा का कारण बनती है और मरने पर सियार की योनि को प्राप्त होती है तथा कुष्ठ आदि पाप रोगों से पीड़ित होती है।

जो स्त्री अपने मन, वाणी और शरीर को संयम में रखकर अपने पति के विरुद्ध किसी प्रकार आचरण नहीं करती उसे पति-लोक प्राप्त होता है, अर्थात् उसे पति अपने हृदय में स्थान देता है और श्रेष्ठ-जन उसको साध्वी कहकर उसका सम्मान करते हैं। इस प्रकार पतिव्रत धर्म का पालन करनेवाली पत्नी, मन वाणी और देह से पवित्र रहने पर इस लोक में कीर्ति और परलोक में पति लोक को प्राप्त करती है।

इस प्रकार पतिव्रत धर्म का पालन करनेवाली स्त्री, यदि वह पति से पहले ही देह त्याग दे तो धर्मात्मा पुरुष को चाहिए कि उसका यज्ञ आदि सद्विधियों से उसका दाह-संस्कार करे।

इस प्रकार जिस पुरुष की पत्नी का देहान्त हो गया हो, वह यदि पुनः गृहस्थाश्रम में प्रविष्ट होना चाहता हो तो उसको चाहिए कि प्रथम स्वयं को अग्निहोत्रादि कृत्यों से शुद्ध कर ले उसके उपरान्त विवाह करे।

इस प्रकार ऊपर कही गई विधि से रहते हुए मनुष्य को चाहिए कि कभी पंचयज्ञों का त्याग न करे और आयु के उत्तरार्द्ध तक पत्नी सहित गृहस्थ धर्म का विधिवत पालन करे।

षष्ठम अध्याय

वानप्रस्थ और संन्यास धर्म

पिछले अध्यायों में कहे अनुसार विधिपूर्वक ब्रह्मचर्य व्रत से पूर्ण विद्या अध्ययन कर स्नातक ब्रह्मण, जितेन्द्रिय होकर भली प्रकार गृहस्थ धर्म का परिपालन कर यथासमय वानप्रस्थ आश्रम में प्रविष्ट होकर वन में निवास करे।

गृहस्थ लोगों को चाहिए कि जब वे अपने शरीर की त्वचा ढीली और बालों को सफेद होता देखें और पुत्र का भी पुत्र हो जाये तब वन का आश्रय लें।

इस प्रकार वानप्रस्थ आश्रम की दीक्षा लेते समय ग्राम में उत्पन्न खाद्य वस्तुओं का आहार त्यागकर और अन्य भी सब-के-सब पदार्थों को छोड़कर तथा अपनी पत्नी को पुत्र के सुपुर्द करके अथवा उसको भी साथ लेकर वन को प्रस्थान करे।

जब वह वानप्रस्थ में प्रविष्ट होने की इच्छा करे तो अग्निहोत्र की सामग्री लेकर गाँव से निकलकर जितेन्द्रिय होकर जंगल में निवास करे। वहाँ नाना प्रकार के मुनियों के अन्न, सुन्दर-सुन्दर शाक, मूल, फल-फूल-कन्द आदि से पूर्व कहे गये महायज्ञों को विधि के अनुसार करे।

वन में रहते हुए मृग-चर्म अथवा वल्कल धारण करे। प्रात:-सायं दोनों समय स्नान करे। जटा, श्मश्रु, रोम आदि धारण करे। जो भी खाने का पदार्थ हो उससे ही बलिवैश्वदेव यज्ञ करे और यथाशक्ति भिक्षा भी दे। अपने आश्रम आये अतिथियों का जल, कन्दमूल, फल आदि प्रदान करके सत्कार करे।

नित्य स्वाध्याय और वेदाध्ययन में नियुक्त हो जितेन्द्रिय बने, सबका मित्र बने, यथाशक्ति दान करे, सब प्राणियों पर दया करनेवाला बने और किसी से भी कुछ लेने की इच्छा न करे, इस प्रकार नित्य अपना जीवनयापन करे।

वानप्रस्थ अवस्था में जो अग्निहोत्र किया जाता है उसे 'वैतानिक' कहा गया है। अत: वानप्रस्थी विधि के अनुसार वैतानिक यज्ञ करता हुआ भी समय-समय पर पर्व विशेष के यथा अमावस्या और पूर्णमासी आदि इन दिनों के यज्ञों का त्याग न करते हुए निष्ठापूर्वक हवन करे।

नक्षत्र यज्ञ, नए अन्न का यज्ञ और चातुर्मास का यज्ञ तथा उसी प्रकार उत्तरायण और दक्षिणायन यज्ञों को भी करे।

वसन्त और शरद ऋतु में प्राप्त होनेवाले पवित्र और स्वयं लाए हुए मुनि अन्नों से पुरुडाश और चरू नामक यज्ञीय हव्यों को विधि अनुसार अलग-अलग तैयार करे।

उस पवित्र वन के अन्न से बनायी गई हवि को देवताओं के लिए आहुति देकर शेष भोजन को और अपने लिए बनाए गये लवणयुक्त अन्न मिलाकर अपने खाने के प्रयोग में लाये।

भूमि और जल में उत्पन्न शाकों को, वृक्षों से उत्पन्न होनेवाले फूल-फल और कन्दमूलों को तथा फलों से उत्पन्न होनेवाले तेलों व अर्कों को खाए। मद्य, मांस, भूमि में उत्पन्न होनेवाला कुकुरमुत्ता, भूतृण नाम का शाक विशेष, सुहांजना और लसोड़े का फल वानप्रस्थी के लिए अखाद्य माना गया है।

पहले से एकत्रित किया गया मुनि अन्न, पुराने वस्त्र तथा इसी प्रकार पहले से एकत्रित किया गया शाक, कन्द-मूल, फल आदि का आश्विन मास में सेवन न करे। अभिप्राय यह कि आश्विन मास में बासी भोजन अहितकर है।

हल से जोती हुई भूमि में उत्पन्न पदार्थ, किसी के द्वारा छोड़े हुए होने पर भी तथा ग्राम में उत्पन्न किये गए मूल और फलों को, भूख से पीड़ित होने पर भी कभी न खाये।

अग्नि में पकाया हुआ और समय से पके फल या पत्थरों से कूटा हुआ अन्न दांतों से चबाकर खाए। एक बार के भोजन मात्र का संचय करनेवाला वा महीने भर का, अथवा छः मास का अथवा वर्ष दिन का निर्वाह योग्य का संचय करे अधिक नहीं।

अपनी सामर्थ्य के अनुसार रात्रि अथवा दिन में अन्न लाकर एक बार खाये या एक दिन उपवास करके दूसरे दिन सायंकाल को भोजन करे अथवा तीन दिन रात्रि उपवास करके चौथे दिन रात्रि को भोजन करें।

चन्द्रायण के विधान से शुक्ल, कृष्ण पक्ष में ग्रास घटावे तथा पूर्णमासी या अमावस्या में पकी हुई यवागु (लपसी) का एक बार भोजन करें।

जिस वृक्ष के पत्ते ग्रहण करे उससे फूल न तोड़े और जिससे फूल तोड़े उस वृक्ष से फल न ले।

पुष्प, मूल, फल आदि जो समय पाकर पके और स्वयमेव गिर-गिर जाये उनसे निर्वाह करे।

भूमि में बैठे अथवा दिन भर खड़ा रहे। आश्रम में इधर-उधर भ्रमण करे, त्रिकाल स्नान और संध्या करे। ग्रीष्म में पंचाग्नि-साधन करे और वर्षाकाल में बादल का

आश्रय ले तथा हेमंत में भीगे कपड़ों में रहे, इस प्रकार क्रम से अपने तप और साधना को बढ़ावे। त्रिकाल स्नान करके देवों और पितरों का तर्पण करे तथा उग्रतर तप करके अपने शरीर को सुखावे। वैखानस शास्त्र के विधान से अग्नियों को आत्मा में समारोपित करके मुनिव्रत वाला फल-मूल का भोजन किया करे। अग्नि और स्थान के विषय में लालायित न रहे।

अपने शरीर के सुख के लिए अधिक प्रयत्न न करे, ब्रह्मचर्य व्रत का पालन करे और यदि पत्नी साथ में हो तो भी विषय चेष्टाओं से सदा दूर रहे। भूमि शयन करे। अपने स्वयं के तथा किसी अन्य के भी पदार्थों के प्रति ममता न दिखाये, वृक्ष के मूल में वास करे।

जो तपस्वी अथवा धर्मात्मा विद्वान् लोग जंगल में निवास करते हों वे चाहे गृहस्थ हो अथवा वानप्रस्थी उनके घरों से ही केवल अपने जीवन चलाने योग्य भिक्षा ग्रहण करे। यदि ग्राम से भिक्षा प्राप्त की हो तो वनवासी को चाहिए कि अन्न के केवल आठ ग्रास पत्ते, सकोरे अथवा हाथ में रखकर ही भोजन करे।

इस प्रकार वन में वास करता हुआ, इन तथा अन्य नियमों का पालन करता हुआ आत्मा तथा परमात्मा के ज्ञान के लिए नाना प्रकार उपनिषद आदि सद्ग्रंथों में आयी हुई श्रुतियों का आत्माज्ञान के लिए निरन्तर अभ्यास करे।

अनेक ऋषियों, ब्राह्मणों और गृहस्थों ने विद्या और तप की वृद्धि के लिए तथा शरीर की शुद्धि के लिए इन श्रुतियों का सेवन किया है।

अथवा शरीर के छूटने तक जलवायु भक्षण करता हुआ जिसकी पराजय न हो ऐसी दिशा को जितेन्द्रिय और कुटिल गति से रहित होकर गमन करे। इन महर्षियों के अनुष्ठानों में से कोई-सा अनुष्ठान करके विप्र शरीर को छोड़कर शोक भय से रहित हो ब्रह्मलोक में महिमा को प्राप्त होता है।

इस प्रकार जंगलों में आयु का तीसरा भाग बिताकर आयु के चौथे भाग में सब मोह-माया आदि संगों को छोड़कर संन्यासी हो जाये। आश्रम से आश्रम में गमन करके अर्थात क्रमश: ब्रह्मचर्य से संन्यास पर्यन्त आश्रम में जाकर हवन करके भिक्षा और बलि से थका हुआ जितेन्द्रिय संन्यास आश्रम करनेवाला मरणोपरान्त मोक्ष को प्राप्त करता है।

मनुष्य को चाहिए कि तीन ऋणों को चुकाकर मन को मोक्ष की ओर लगाये। बिना ऋणों को चुकाए जो संन्यास ग्रहण करता है और मोक्ष की कामना करता है उसका अध:पतन होता है।

विधि पूर्वक वेदाध्ययन कर तदनन्तर गृहस्थ में प्रविष्ट हो। पुत्र आदि उत्पन्न कर उन्हें सुयोग्य बना यथाशक्ति यज्ञ-होम आदि करके ऋषि, ऋण-पितृ-ऋण से निवृत्त होने पर मोक्ष की ओर मन लगाये। वेदाध्ययन किए बिना और पुत्रों को उत्पन्न किये बिना तथा यथा-विधि यज्ञों को न करके जो मोक्ष की इच्छा करता है वह नीचे गिरता है।

परमात्मा की प्राप्ति के लिए प्रजापति को सन्तुष्ट करने अथवा उनकी इष्टि के लिए आह्वनीय, गार्हपत्य और दाक्षवात्य नामक अग्नियों को आत्मा में समारोपित करके ब्राह्मण घर से वन को प्रस्थान करे।

जो पुरुष सब प्राणियों को अभय दान करके घर से वन को जाता है अथवा संन्यास ग्रहण कर लेता है उस ब्रह्मवादी वेदोक्त सत्योपदेशक संयासी को देह के छूटने पर मोक्ष लोक की प्राप्ति होती है।

जिस ब्राह्मण से प्राणियों को तनिक सा भी भय नहीं होता उसको देह से मुक्त होने पर भी कहीं भी भय नहीं रहता। वह पूर्णतया अभय हो जाता है।

जब मनुष्य सब कामनाओं को जीत ले और उनकी उसको अपेक्षा न रहे, वह पवित्रात्मा और पवित्र अन्त:करणवाला हो जाये, मुनि अथवा मननशील हो जाये तभी घर से निकलकर संन्यासाश्रम को ग्रहण करे अथवा ब्रह्मचर्य से सीधा संन्यास आश्रम को ग्रहण कर ले।

यह जानकर कि अकेले की ही मुक्ति होती है, मोक्ष सिद्धि के लिए किसी के सहारे या आश्रय की इच्छा से रहित होकर सर्वदा एकाकी ही विचरण करे। जो इस प्रकार रहता है, वह न तो किसी को छोड़ता है और न उसको कोई छोड़ता है।

ऐसा वह संन्यासी आह्वनीय अग्नियों से रहित कहीं अपना घर न बनाए तथा अन्न वस्त्रादि के लिए ग्राम का आश्रय ले। अपने दु:खों की चिन्ता न करे, स्थिर बुद्धि होकर, मुनि वृत्ति से परमेश्वर में अपनी भावना का समाधान करता हुआ विचरण करे।

ऐसा संन्यासी न तो अपने जीवन में आनन्द और न अपने मरण में दु:ख की अनुभूति करे। जिस प्रकार नौकर अपने स्वामी की आज्ञा की प्रतीक्षा करता है और फिर पालन करता है, उस प्रकार मृत्यु की प्रतीक्षा कर उसको स्वीकार करे।

मार्ग में चलते हुए संन्यासी को अपनी दृष्टि इधर-उधर नहीं अपितु सामने रखनी चाहिए। वस्त्र से छना हुआ जल पिये, निरन्तर सत्य बोले, मन से विचार कर कार्य करे।

संन्यासी गर्मी और जाड़े के आठ मास में देशाटन करे और सब जीव-जन्तुओं पर दया करने के लिए वर्षा के चार मास एक स्थान में निवास करे। रात्रि में जब सूर्य न हो तब मार्ग न चले, भूमि को बिना देखे पग न रखे, नित्य कर्म में अधिक-से-अधिक जल का प्रयोग करे, अभिप्राय यह कि संन्यासी नितान्त स्वच्छ रहे, सत्य बोले, हिंसा की ओर प्रवृत्ति करनेवाली, कठोर, क्रोध, निन्दा और चुगली करनेवाली वाणी का प्रयोग न करे।

अपमानजनक वचनों को सहन कर ले, किसी का अपमान न करे, और इस शरीर का आश्रय लेकर किसी से वैर न करे, यदि उस पर क्रोध करता हो, कोई उसकी निन्दा करता हो तो उससे स्वयं क्रुद्ध न हो और न उसकी निन्दा ही करे। कल्याणकारी वचन बोले, सात द्वारों अर्थात् मुख, नासिकाएँ, आँख और कान, इस प्रकार सात द्वारों से निकली वाणी को मिथ्या कारण से कभी न बोले।

इस संसार में रहते हुए आत्मनिष्ठा में स्थित, अपेक्षारहित, मांस, मद्य आदि का त्यागी, आत्मा की सहायता से ही सुखार्थी होकर विचरण करे। गृहस्थों को समय-समय पर अपने द्वारा भूकम्प आदि उत्पातों की सूचना देने, ग्रहण नक्षत्रों की स्थिति समझाने, किसी प्रकार उपदेश करने अथवा शिक्षा देने के बदले में किसी प्रकार की भिक्षा की अपेक्षा न करे।

वानप्रस्थों अथवा ब्राह्मणों, पक्षियों, कुत्तों व जो कोई भी अन्य मांगनेवाले हों उनसे घिरे मकान में भिक्षा मांगने के लिए न जाये।

केश, नख, दाढ़ी-मूंछ, आदि को साफ करवाए। पात्र, दण्ड और कुसुम्भ से रंगे वस्त्रों को ग्रहण करके नियतात्मा, सब प्राणियों को प्रसन्न रखते हुए उन्हें पीड़ा न देते हुए विचरण करे।

संन्यासी के पात्र तेजवान् अर्थात् चाँदी, पीतल आदि धातुओं के न हों, उनमें छेद भी न हो। जिस प्रकार यज्ञ के चमसों की पानी से शुद्धता हो जाती है उसी प्रकार उन पात्रों की भी पानी से पवित्रता हो जाती है। तंत्री, लकड़ी अथवा बाँस के बने हुए, या मिट्टी के बने हुए यतियों के भिक्षा-पात्र कहे गए हैं।

संन्यासी को चाहिए कि वह केवल एक समय ही भिक्षा मांगे। भिक्षा के अधिक विस्तार अर्थात् लालच में न पड़े। क्योंकि भिक्षा के लालच अथवा स्वाद में फंसा संयासी फिर अन्य विषयों में भी आसक्त हो जाता है।

जब रसोई का धुंआ निकल चुका हो, कूटना आदि बन्द हो गया हो, आग बुझा दी गई हो, सब भोजन कर चुके हों और रसोई के बरतन डाल दिये गए हों, तब संन्यासी भिक्षा करे।

भिक्षा यदि न मिले तो किसी प्रकार का विषाद न करे और मिल जाने पर किसी प्रकार की प्रसन्नता भी प्रकट न करे। अधिक अथवा कम इस प्रकार की मात्रा के मोह में न पड़कर केवल अपनी जीवन-यात्रा चलाने योग्य भिक्षा ग्रहण करे।

बहुत अधिक आदर-सत्कार से मिलनेवाली भिक्षा अथवा अन्य किसी प्रकार के लाभ के प्रति उपेक्षा भाव रखे, क्योंकि इस प्रकार से प्राप्त होने वाली भिक्षा अथवा लाभों से मोहित संन्यासी मुक्त होने पर भी बन्धन को प्राप्त हो जाता है।

थोड़ा भोजन कर और एकान्त स्थान में निवास करता हुआ विषयों की ओर प्रवृत्त होनेवाली इन्द्रियों को वश में करने का यत्न करे। इन्द्रियों को अधर्माचरण से रोक, राग-द्वेष को छोड़ और सब प्राणियों से अहिंसा का बर्ताव कर अमर पद अर्थात् मोक्ष पद के लिए यत्न करे।

कर्मों के दोष से होनेवाली मनुष्यों की बुरी गतियों और कष्टों का भोगना तथा मृत्यु के समय होनेवाली पीड़ाओं का विचार कर तदनुसार मोक्ष का चिन्तन करे। अपने प्रिय जनों से वियोग होना तथा अप्रिय जनों से सम्पर्क होना और उसके कारण कष्ट होना तथा बुढ़ापे से आक्रान्त होना और रोगों से ग्रस्त होना इस विषय में भी विचार करे।

इस शरीर से अकस्मात् जीव का निकल जाना और फिर गर्भ में जन्म लेना और इस जीवन के करोड़ों सहस्रों योनियों में आवागमन होना-इस पर भी विचार करे।

प्राणियों को सभी प्रकार के दु:ख अधर्म से ही प्राप्त होते हैं, और अक्षय सुखों की प्राप्ति केवल धर्म से ही होती है। इसका भी चिन्तन करे।

योगाभ्यास से परमात्मा की सक्षमता को तथा उत्तम और अधर्म शरीरों में जन्म प्राप्ति के विषय में विचार करे। यदि कोई संन्यासी पर दोषारोपण भी करते हों, तो स्वयं धर्म का ही आचरण करे, चाहे वह किसी भी आश्रम में क्यों न हो, मोक्ष-कामी को धर्म का ही आचरण करना चाहिए। सब प्राणियों में समबुद्धि रखे। केवल संन्यास आदि आश्रमों के चिह्न धारण करने मात्र से ही वह धर्म का कारण नहीं हो जाता, उसके लिए धर्माचरण आवश्यक है।

निर्मली वृक्ष का फल पीसकर गंदे जल में डालने से उससे जल की शुद्धि हो जाती है तदपि केवल निर्मली का नाम लेने मात्र से अर्थात जल में डाले बिना, पानी शुद्ध नहीं हो सकता।

जन्तओं की रक्षा के लिए, रात्रि व दिन में शरीर में क्लेश होने पर भी भूमि को देखकर ही चले। कहने का अभिप्राय यह है कि संन्यासी के पैरों से किसी जीव की हिंसा न होने पाये। इस प्रकार चलने से जो जीव मर जाते हैं उससे यति को पाप लगता है। उससे यति को प्रायश्चित्त करना चाहिए। स्नान करके प्राणायाम आदि से अपने पाप का प्रायश्चित्त करे।

ब्राह्मण को चाहिए कि ओंकार सहित सप्त व्याहृतियों से विधिपूर्वक यथाशक्ति प्राणायाम करे, यही उसका परम तप है।

जिस प्रकार अग्नि में तपाने अथवा गलाने से धातुओं के मैल नष्ट हो जाते हैं वैसे ही प्राणों के निग्रह से मन आदि इन्द्रियों के दोष भस्म हो जाते हैं। इसलिए प्राणायाम के दोषों की, धारणाओं से पाप अथवा अन्त करण के मैल को, प्रत्याहार द्वारा सम्पर्क में उत्पन्न दोषों को तथा ध्यान से अनीश्वरता के दोषों को भस्म करे।

छोटे-बड़े सब प्राणियों और अप्राणियों में, जो अशुद्ध आत्माओं से देखने योग्य नहीं हैं, उस अन्तर्यामी परमात्मा की गति को संन्यासी ध्यान योग से ही देखा करे।

जो संन्यासी यथार्थ ज्ञान अथवा षड्दर्शनों से संयुक्त है, वह दुष्ट कर्मों से बद्ध नहीं होता और जो ज्ञान, विद्या आदि दर्शन से विहीन है वह संसार को प्राप्त होता है। अर्थात् उसका जन्म-मरण का चक्र चलता रहता है, उसे मोक्ष की प्राप्ति नहीं होती।

अहिंसा द्वारा, इन्द्रियादि के विषयों से अलिप्त रहकर, वेदोक्त कर्मों द्वारा और अत्यन्त उग्र तपश्चर्या से ऐसा संन्यासी मोक्ष पद को प्राप्त कर सकता है। अस्थि ढाँचेवाला शरीर, जिससे स्नायुरूप रस्सी को बांधा गया है, जिसमें मांस और रक्त के लोथड़े हों जिसको चर्म से मढ़ा गया हो, जो दुर्गंध युक्त मलमूत्र से पूर्ण है, जरा और शोक से जो घिरा हुआ है, भूख और प्यास से जो पीड़ित रहता है, मलिन, अनित्य इस पंचमहाभूतों के गृह रूपी इस शरीर को त्याग करना ही श्रेयस्कर है। जिस प्रकार नदी के किनारे को वृक्ष छोड़ देता है उसी प्रकार सच्चा संन्यासी भी इस देह को छोड़कर इस रूपी संसार ग्राह से मुक्त हो जाता है।

अपने प्रिय में सुकृत और अप्रिय में दुष्कृत और फिर उसमें होनेवाले राग द्वेष आदि को जानकर उनको छोड़ते हुए ध्यान योग से सनातन ब्रह्म को प्राप्त हुआ जाता है।

जब संन्यासी सब पदार्थों में अपने भाव से निस्पृह होता है तभी वह इस लोक और परलोक और मुक्ति में परमात्मा को प्राप्त हो के निरन्तर सुख को प्राप्त होता है।

इस प्रकार धीरे-धीरे सब प्रकार की आसक्तियों को छोड़कर, हर्ष, शोक आदि सब द्वन्द्वों से मुक्त होकर वह यति ब्रह्म में ही अवस्थित हो जाता है।

यह जो कुछ पहले मोह-ममता के त्याग की बात कही गई है यह सब ध्यानयोग के द्वारा सिद्ध होनेवाला है। जो व्यक्ति अध्यात्म ज्ञान से रहित है, जो मन से त्याग न करनेवाला है, जो केवल दिखावा करता है, वह उस क्रिया के फल को प्राप्त नहीं कर सकता।

यही अज्ञानियों का शरण-स्थल है और यही विद्वानों की भी शरण-स्थली है अर्थात् हितकारी है। यही स्वर्ग की इच्छा करनेवालों का शरण-स्थल है और यही अनन्त सुख अर्थात् मोक्ष की इच्छा करनेवालों की शरण-स्थली है।

इस क्रम के योग से जो द्विज परिव्राजक बनता है, अर्थात् संन्यास धारण करता है वह संसार रूपी शरीर में सब पापों को छोड़कर परब्रह्म को प्राप्त होता है।

जितेन्द्रिय यतियों के धर्म का यहां पर वर्णन किया गया है। अब उन संन्यासियों के धर्म का वर्णन करते हैं जिन्होंने संन्यासियों के बाहर के चिह्नों को तो धारण किया हुआ नहीं है किन्तु जिनकी जीवनचर्या उसी प्रकार चलती है, उनके कर्मयोग का वर्णन करते हैं।

ब्रह्मचर्य, गृहस्थ, वानप्रस्थ और संन्यास, ये चारों विभिन्न आश्रम गृहस्थ आश्रम से ही उत्पन्न हुए हैं। इन सबका क्रमानुसार शास्त्रोक्त विधानों के अनुसार पालन करने पर या अपने-अपने कर्तव्यों का विधि पूर्वक पालन करनेवाले द्विज को ये आश्रम गति की ओर ले जाते हैं। अर्थात् मोक्ष प्राप्त कराते हैं।

वेदों और स्मृतियों के कहे अनुसार इन सब आश्रमों में गृहस्थ सबसे महत्त्वपूर्ण या श्रेष्ठ है। क्योंकि वह इन तीनों को ही धारण करता है। अर्थात् ये तीनों आश्रम उस पर आश्रित रहते हैं।

जिस प्रकार सभी नदी और नद समुद्र में जाकर स्थित हो जाते हैं, उसी प्रकार सभी आश्रम गृहस्थ ही को प्राप्त होकर स्थित होते हैं।

इसलिए ब्रह्मचर्य, गृहस्थ, वानप्रस्थ और संन्यास आश्रमवासी द्विजों को चाहिए कि वे प्रयत्न पूर्वक दस लक्षणों से युक्त धर्म का परिपालन करें। वे दस लक्षण हैं-धैर्य,

क्षमा, मन का दमन, करना, पवित्रता, इन्द्रियों को वश में रखना, शास्त्रों का ज्ञान, विद्या-अर्जन करना, सत्य बोलना, क्रोध न करना।

इन धर्मों के दस लक्षणों का जो द्विज भली प्रकार अध्ययन-मनन करते हैं और इनका मनन कर तथा इन्हें समझकर उसका परिपालन करते हैं अर्थात् उनके अनुसार आचरण करते हैं वे उत्तम गति को प्राप्त करते हैं। अर्थात्, मोक्ष को प्राप्त करते हैं।

पितर, देवता और ऋषि ऋणों से मुक्त द्विज स्वस्थ चित्त होकर दस लक्षण वाले धर्म को पालन करता हुआ विधि से वेदान्त का श्रवण करके संन्यास ग्रहण करे।

सम्पूर्ण गृहस्थ के कामों को छोड़कर और बिना जाने जीवों के नाशजनित पापों को प्राणायाम से नष्ट करता हुआ जितेन्द्रिय होकर वेद का अभ्यास करके पुत्र के ऐश्वर्य में वृत्ति की चिन्ता से रहित सुख पूर्वक निवास करे।

संन्यासी को चाहिए कि वह सब कुछ त्याग दे, सब काम छोड़ दे किन्तु केवल एक वेद को न छोड़े। क्योंकि वेद के छोड़ने से वह शूद्र हो जाता है। इन सब कामों को छोड़कर अपने कार्य अर्थात्, आत्मसाक्षात्कार में तत्पर हुआ निस्पृह संन्यास से पाप को दूर करके परम गति को प्राप्त होता है।

संन्यास आश्रम का वर्णन और उसके कर्तव्याकर्तव्य का वर्णन करने के उपरान्त मनुजी ने महर्षियों से इस अध्याय के अन्त में कहा है-हे ऋषियो!

यह चार प्रकार का अर्थात् ब्रह्मचर्य, गृहस्थ, वानप्रस्थ और संन्यासाश्रम का पालन करना ब्राह्मण का परम धर्म है। यह इस जीवन में पुण्य प्रदान करने वाला और देहान्तर के उपरान्त अक्षय फल का अर्थात् आनन्द का देनेवाला है। यह मैंने तुमको कह दिया है।

अब इससे आगे राजाओं के धर्म को तुम मुझसे सुनो।

सप्तम अध्याय

राज-धर्म विषय

जिस प्रकार का राजा को होना चाहिए और जिस प्रकार उसका बनना तथा जिस प्रकार उसको परम सिद्धि प्राप्त हो उस प्रकार के राजा के धर्मों का वर्णन आगे कहूंगा।

जैसा ब्राह्मण परमविद्वान् होता है वैसा ही पूर्ण विधि के अनुसार सभी संस्कारों से सुसंस्कृत होकर विद्वान सुशिक्षित होकर क्षत्रिय को चाहिए कि इस सब राज्य की रक्षा न्यायपूर्वक यथावत करे। अर्थात् ठीक प्रकार से प्रजा की रक्षा और परिपालन करता हुआ राज्य का संचालन करे।

क्योंकि राजा के बिना इस लोक में सब ओर भय का वातावरण रहता है और उसके कारण व्याकुलता फैलती है। इसलिए इस सबकी रक्षा के लिए परमात्मा ने राजा 'पद' को बनाया है।

इन्द्र, वायु, यम, सूर्य, अग्नि, वरुण, चन्द्र और कुबेर आदि के सभी सारभूत गुणों को निकालकर इनकी स्वाभाविक मात्राओं अर्थात् अंशों का सार लेकर इन दिव्य गुणों से युक्त राजा का निर्माण किया है।

क्योंकि इन शक्तिशाली देव शक्तियों के अंश से राजा के पद को बनाया है इसलिए यह राजा अपने तेज से सब प्राणियों को वशीभूत एवं पराजित करता है।

जो सूर्यवत प्रतापी, सबके बाहर और भीतर मनों को और देखनेवालों की आंखों को अपने तेज से तपाता है, जिसको पृथ्वी पर कड़ी दृष्टि से देखने को कोई भी समर्थ नहीं हो सकता वह राजा अपने प्रभाव के कारण कभी अग्नि के समान गुणोंवाला और वायु के गुणों वाला, सूर्य के समान, चन्द्रमा के समान, यम के समान न्यायकारी, ऐश्वर्य सम्पन्न, वरुण के समान तथा कभी वह इन्द्र के समान हो जाता है।

बालक राजा भी अपमान के योग्य नहीं होता है, ऐसा मनुष्यों को जान लेना चाहिए। क्योंकि नर रूप में यह एक बहुत बड़ा देवता धरती पर माना गया है।

अग्नि के साथ कोई मनुष्य यदि खिलवाड़ करता है, उसका निरादर करता है तो अग्नि ही उसको भस्म कर देती है किंतु यदि कोई राजा के सम्मुख कुचाल चलता है तो वह उस व्यक्ति के साथ-साथ उसके सर्वस्व को भी नष्ट कर सकता है।

कार्य-शक्ति, देश और काल को ठीक प्रकार से समझकर धर्म की सिद्धि के लिए राजा बार-बार नाना प्रकार के आचरण करता है। वह कभी क्षमा करता है, कभी कोप प्रकट करता है कभी शत्रुत्व भाव दिखाता है।

जिसके प्रसन्न होने पर प्रजा में लक्ष्मी बरसती है, प्रजा के पराक्रम में जय और श्री प्राप्त होती है, जिसके क्रोध में मानों साक्षात् मृत्यु ही निवास करती है ऐसा राजा सर्व तेजोमय कहा गया है। अत: उसके साथ वैसा ही बर्ताव होना चाहिए।

जो प्रमाद से राजा के प्रति द्वेष-भाव रखता है उसका विनाश निश्चित है, इसमें संशय नहीं हैं क्योंकि राजा को उसके द्वेष का ज्ञान होने पर वह शीघ्र ही उसके नाश का विचार कर लेता है।

इसलिए वह राजा जिस धर्म अर्थात् नियम का पालनीय विषयों में निर्धारण करे और अपालनीय विषयों में जिसका निषेध करे उस नियम का कभी उल्लंघन नहीं करना चाहिए।

राजा के लिए सृष्टि के आरम्भ में ही ईश्वर ने सब प्राणियों की सुरक्षा करनेवाले ब्रह्मतेजोमय, शिक्षाप्रद और अपराधनाशक गुणवाले, धर्मस्वरूपात्मक दण्ड का विधान कर दिया है।

उस दण्ड के भय से सम्पर्ण स्थावर और जंगम अवस्था को प्राप्त सभी प्राणी भय के कारण अपने-अपने कर्तव्य का पालन करते रहते हैं और वे अपने धर्म से विचलित नहीं होते।

देश, समय, शक्ति और विद्या अर्थात् अपराध के अनुसार उचित दण्ड का विवेक, इन बातों को ठीक-ठीक विचार कर अन्याय का आचरण करनेवाले लोगों में उस दण्ड को यथायोग्य रूप में प्रयुक्त करे।

वह दण्ड ही राजा है, वही दण्ड पुरुष है और वही नेता तथा सबका शासनकर्ता, वहीं चार वर्ण और चार आश्रमों के धर्म का प्रतिभू अर्थात् जामिन है। वही इस सबके लिए उत्तरदायी है।

वही दण्ड सारी प्रजा का शासन करता है और वही दण्ड सारी प्रजा का रक्षक भी है। वही दण्ड सोते हुए प्रजा में जागता रहता है। इसीलिए बुद्धिमान् लोगों ने दण्ड को ही धर्म कहा है।

जो दण्ड भली प्रकार सोच विचारकर धारण किया जाता है वह सारी प्रजा को आनन्दित कर देता है और बिना विचारे ही जिस दण्ड का प्रयोग किया जाता है वह सब ओर से राजा और प्रजा दोनों का ही विनाश कर देता है।

आलस्य रहित होकर राजा आदि अपराधियों को दण्ड न दे तो शूल पर जिस प्रकार मछली को भून दिया जाता है उसी प्रकार क्रूर जन निर्बल जनों को भूनकर रख दें।

यदि राजा दण्ड का विधान न करे तो कौआ पुरोडाश भक्षण कर जाये और कुत्ता हवि भक्षण कर ले। न कोई किसी का स्वामी रहे और न किसी प्रकार ऊंच-नीच का भेद-भाव ही रहे। सब लोग अपने मन के अनुसार इन कर्मों में प्रवृत्त हो जायें।

सम्पूर्ण लोग अथवा प्रजा दण्ड से नियमित करने पर ही सन्मार्ग के पथिक बनते हैं। क्योंकि स्वभाव से सन्मार्ग पर चलनेवाले ऐसे शुद्ध मनुष्य दुर्लभ होते हैं। सम्पूर्ण जगत दण्ड के भय से भोग करता है।

न केवल मनुष्य अपितु देव, दानव, गन्धर्व, राक्षस, पक्षी, सर्प-ये भी सब दण्ड के भय से भोग करते हैं।

बिना दण्ड के सब वर्ण दूषित और सब मर्यादायें छिन्न-भिन्न हो जायें, दण्ड के ठीक न होने से सब लोग उद्दण्ड हो जायें।

जहां काले रंग के, लाल-लाल आंखोंवाले, भयंकर पुरुष के समान पापों का नाश करनेवाला दण्ड विराजमान होता है वहां प्रजा मोह को प्राप्त न होकर आनन्दित होता हैं। परन्तु जो दण्ड को चलानेवाला है वह विद्वान और पक्षपात रहित होना चाहिए, तभी यह व्यवस्था स्थिर रह सकती है।

उस दण्ड को भली प्रकार चलानेवाले राजा को कहते हैं कि वह सत्यवादी विचार करके कार्य का कर्ता, बुद्धिमान, विद्वान, धर्म, काम और अर्थ का यथावत् जानने वाला है।

जो राजा भली प्रकार दण्ड का संचालन करता है वह धर्म, अर्थ, काम की सिद्धि को बढ़ाता है और जो विषय में लम्पट, टेढ़ा, ईर्ष्या करनेवाला, क्षुद्र, नीच बुद्धि न्यायाधीश राजा होता है, वह उसी दण्ड से मारा जाता है।

दण्ड बड़ा ही तेजोमय है, उसको जो अविद्वान् है, अधर्मात्मा है वह धारण नहीं कर सकता। यदि कोई राजा इस प्रकार का हो और वह दण्ड धारण करे तो वह उस राजा का कुल सहित नाश कर देता है। राजा के अनन्तर उसका किला, उसका राज्य और सारी स्थावर-जंगम प्रजा तथा अन्तरिक्ष में विचरण करनेवाले पक्षी और वायु आदि देवता और मुनियों को भी वह पीड़ित करने लगता है।

जो राजा अपने उत्तम सहायकों से शून्य है, मूढ़, लोभी, जिसने उत्तम कर्मों द्वारा विद्या और बुद्धि की उन्नति नहीं की, जो विषयों में फंसा हुआ है उससे वह दण्ड कभी न्यायपूर्वक नहीं चल सकता।

जो राजा पवित्र, सत्याचरण करनेवाला, सत्पुरुषों का संग करनेवाला, नीतिशास्त्रों के अनुकूल आचरण करनेवाला, जिसके साथी सभी श्रेष्ठ पुरुष हैं, जो स्वयं बुद्धिमान है वही इस न्याय रूपी दण्ड को चलाने में समर्थ है।

राजा को अपने राज्य में न्यायकारी और शत्रुओं को सदा दण्ड देनेवाला तथा प्रिय मित्रों से कुटिलता रहित और ब्राह्मणों पर क्षमायुक्त होना चाहिए।

इस प्रकार आचरण करनेवाले तथा शिलोच्छ वृत्ति से जीवन-यापन करने वाले राजा का यश संसार में फैल जाता है-उसी प्रकार जैसे पानी में डाली गई तेल की बूंद तुरन्त फैलने लगती है।

जो राजा इसके विपरीत चलता है, जो विषयासक्त है उसका यश संसार में उसी प्रकार संकुचित हो जाता है जिस प्रकार पानी में पड़ी घृत की बूंद संकुचित हो जाती है।

जो लोग अपने-अपने धर्म में चलनेवाले हैं, एक के बाद दूसरा इस प्रकार सब वर्णाश्रमों का भलीप्रकार पालन करते हैं उनकी रक्षा के लिए ही ईश्वर ने राजा का विधान किया है।

राजा को अपने भृत्यों की सहायता से प्रजा की रक्षा के लिए जो-जो कुछ करना चाहिए मैं वह सब क्रम पूर्वक तुमसे वर्णन करता हूं।

राजा को प्रात:काल ब्राह्म मुहूर्त में उठकर नित्य कर्म से निवृत्त होकर जो विद्वान् ब्राह्मण ऋगवेद, यजुर्वेद और सामवेद के ज्ञाता हैं तथा जो धर्म शास्त्रों के जाननेवाले हैं उनके साथ बैठकर परामर्श करना और उनके अनुशासन को स्वीकार करना चाहिए।

वेदों के ज्ञाता, पवित्र, आयु में वृद्ध ब्राह्मणों की राजा को नित्य सेवा करनी चहिए। इस प्रकार जो राजा विद्वानों की सेवा करता है, दुष्ट जन भी उसके अनुशासन को स्वीकार करते हैं।

राजा कितना ही विद्वान् क्यों न हो, उसको चाहिए कि वह इस प्रकार के विद्वान् ब्राह्मणों से नित्य शिक्षा ग्रहण करे। जो राजा इस प्रकार नित्य शिक्षा ग्रहण करता है वह कभी अनियमित काम नहीं करेगा और इस प्रकार उसका कभी नाश भी नहीं होगा।

जो राजा विनयरहित होते हैं उनके पास कितने ही हाथी-घोड़े, सेना और खजाना क्यों न रहा हो, ये सब नष्ट हो गए और जो विनयशील होते हैं, विद्वानों की प्रतिष्ठा का सम्मान करते है, वे जंगल में गए हुए भी पुन: राज्य को प्राप्त करने में समर्थ हुए हैं।

वेन, नहुष, सुदास, पार्थिव, यवन और निमि ये सब राजा विनय रहित होने के कारण कुछ ही समय के लिए राज्य का भोग कर पाए और अन्त में अपनी करनी से वे स्वयं ही नष्ट हो गए।

किन्तु इसके विपरीत जो विनयशील राजा थे उन्होंने खोया हुआ राज्य पाया या फिर बिना राजकुल में उत्पन्न हुए भी वे राज्य के अधिकारी बने। उनमें पृथु, मनु मुख्य हैं। इसी प्रकार कुबेर ने विनयशील होने के कारण धनाधिपत्य प्राप्त किया। गाधि पुत्र विश्वामित्र ने ज्यों ही विनयशीलता का परिचय दिया, वे राजर्षि से ब्रह्मर्षि बन गए।

कोई भी व्यक्ति अथवा राजा राजसभा का सभासद तब ही बन सकता है जब वह तीनों विद्याओं का ज्ञाता हो। अर्थात् चारों वेद, कर्म, उपासना और ज्ञान का पण्डित हो। तीनों विद्या, सनातन दण्डनीति, न्यायविद्या, और लोक अर्थात् प्रजा से वार्ता करने की कला का ज्ञाता होना राजा अथवा राज सभासद बनने की योग्यता मानी गई है।

ऐसा राजा अथवा सभासद इन्द्रियों को जीतकर, सदा धर्म का पालन करता हुआ, दिन-रात नियत समय पर योगाभ्यास करता हुआ अपना जीवन रखे। क्योंकि जो जितेन्द्रिय है वही राजा अथवा सभासद प्रजा को अपने वश में कर सकता है। जो शिथिल चरित्र का व्यक्ति है वह इसमें सफल नहीं हो सकता।

दृढ़व्रती बनकर जो उत्पन्न होनेवाले दस और क्रोध से उत्पन्न होनेवाले आठ दुष्ट व्यसनों को दूर कर देता है अर्थात् इनको अपने तप-बल से वश में कर लेता है, वह राजा बनने योग्य होता है। अत: राजा अथवा राज सभासद को चाहिए कि वह इन्हें प्रयत्न पूर्वक छोड़ दें।

क्योंकि जो राजा काम से उत्पन्न होनेवाले दस दुर्व्यसनों में फँसता है, वह न केवल धन-धान्य और राज्य से च्युत होता है अपितु धर्म से भी गिर जाता है। और जो राजा क्रोध से उत्पन्न होनेवाले आठ व्यसनों में फँसता है वह तो धन-धान्य और राज्य ही नहीं अपितु शरीर से भी रहित हो जाता है।

काम से उत्पन्न होनेवाले व्यसन हैं-शिकार करना, जूआ खेलना अथवा इसी प्रकार के अन्य खेल खेलना, दिन में सोना, दूसरे के दोषों को बखान करना, स्त्रियों की

संगति में अधिकाधिक रहने की इच्छा करना, मादक द्रव्यों का सेवन करना, गाना गाना, नाचना, और बाजा बजाना अथवा इन तीनों को देखना-सुनना, व्यर्थ में बिना किसी कार्य के इधर-उधर घूमते रहना ये दस काम से उत्पन्न होनेवाले व्यसन माने गए हैं।

क्रोध से उत्पन्न होनेवाले व्यसन हैं-चुगली करना, बिना विचारे साहस का परिचय देना अथवा बलात्कार करना, द्रोह करना, किसी अन्य की उन्नति से जलना, ईर्ष्या करना, दोषों में गुण देखना और गुणों में दोष देखना, धन को बुरे कार्यों में लगाना अथवा किसी का धन हर लेना, बिना अपराध के किसी के प्रति कठोर एवं कटु वाणी का प्रयोग करना और किसी के साथ कठोरता का व्यवहार करना। ये आठ दुर्गुण हैं जो क्रोध से उत्पन्न होते है।

व्यक्ति को इन काम और क्रोध से उत्पन्न होनेवाले अठारह दोषों के मूल लोभ को सदा वश में रखना ही चाहिए। यह बात सब विद्वान् लोग भलीभांति जानते हैं कि राजा को इसके प्रयत्न से जीतना चाहिए, क्योंकि इसको जीतना सरल नहीं है। लोभ ही ऊपर वर्णन किये गए अठारह दोषों का उत्पत्ति स्थान है। इससे अन्य भी अनेक दोष उपजते हैं।

काम से उत्पन्न होनेवाले जो दुर्गुण हैं, वे बड़े कष्टकारी होते हैं। उनमें सबसे बड़ा दुर्गुण है मद्य आदि मादक द्रव्यों का सेवन अथवा पान करना, दूसरा है जुआ खेलना या इसी प्रकार के अन्य खेल खेलना, तीसरा है स्त्रियों में विशेष अथवा आवश्यकता से अधिक आसक्ति, चौथा है शिकार खेलना। ये चारों दुर्गुण क्रम से एक से बढ़कर एक होते हैं। अर्थात् मद्यपान से जुआ, जुए से काम। इस प्रकार ये चार महादुष्ट व्यसन माने गए हैं।

इसी प्रकार क्रोध से उत्पन्न होनेवाले दुष्ट व्यसन हैं-बिना अपराध के किसी को दण्ड देना, किसी को कठोर वचन बोलना, धन आदि का अन्याय के कार्यों में व्यय करना। ये तीन ऐसे क्रोध से उत्पन्न होनेवाले दुष्ट व्यसन हैं जिनको बड़ा दुख:दायक जानना चाहिए।

इस प्रकार ऊपर गिनाये गए सात दुर्व्यसन सब स्थानों पर और सब प्रकार के मनुष्यों में पाए जाते हैं। अत: आत्मवान् अर्थात् आत्मा की उन्नति चाहने वाले राजा को चाहिए कि वह पहले-पहले व्यसन को भी भारी-से-भारी व्यसन समझे और उसे छोड़ दे।

व्यसन में और मृत्यु में, जो दोनों ही नाश करनेवाले हैं व्यसन को ही अधिक कष्टकर बताया गया है। क्योंकि व्यसनी जीवित होने पर भी दिन-पर-दिन अवनति की ओर जाता है और शरीरिक कष्ट भी भोगता है तथा निर्व्यसनी मरकर भी स्वर्ग को प्राप्त करता है, सांसारिक जीवन तो उसका सुख से बीतता ही है।

राजा को चाहिए कि जो स्वराज्य और स्वदेश में उत्पन्न हुए हों, शास्त्र के जानकार हों, शूरवीर हों, जिन्होंने अपने लक्ष्य को प्राप्त कर लिया हो अथवा जिनके लक्ष्य और विचार निष्फल न जाते हों, अच्छे कुल में जिनका जन्म हो, भली प्रकार जिनका परीक्षण कर लिया गया हो, ऐसे सात या आठ सचिवों की नियुक्ति कर उनकी सहायता से राज्य का संचालन करे।

क्योंकि किसी अच्छे सहायक के बिना-जो सुगम-से-सुगम भी कर्म हो, तो भी वह किसी एक के करने से नहीं हो पाता। और फिर राज्य का संचालन तो महान् कार्य है और ऐसा महान कार्य कोई अकेला कैसे कर सकता है।

इसलिए राजा अथवा सभापति को चाहिए कि नित्य प्रति उन राज्य कर्म में निपुण विद्वान् सचिवों के साथ विचार-विमर्श करके, किसी से सन्धि अथवा मित्रता से किसी से विग्रह अर्थात् विरोध से, समय और स्थिति को देखकर बर्ताव करना चाहिए। और जब अपना उदय का समय हो, अर्थात् सेना आदि सशक्त हों, राज कोश भरपूर हो तो युद्ध करके जिन-जिन देशों पर विजय प्राप्त करे वहां शान्ति-व्यवस्था स्थापित करे। इस प्रकार इन छः गुणों का राजा को सेवन करना चाहिए।

राजा जिन मन्त्रियों अथवा सचिवों की नियुक्ति करे, उन सबके अलग-अलग और सम्मिलित अभिप्राय को भली प्रकार समझ-बूझकर कार्यान्वित करना चाहिए जिससे कि उसका हित ही हो।

उन मंत्रियों में भी जो सबसे अधिक गुणवान, विद्वान् और धर्मात्मा हो उसके साथ राजा को चाहिए कि निरन्तर विचार-विमर्श करता रहे। इस प्रकार निरन्तर अपने राज्य की श्री-वृद्धि करे।

उस मन्त्री में राजा को चाहिए कि अधिक विश्वास कर अधिकाधिक कार्यभार उसको सौंप दे तथा अन्य कार्य भी उसकी सम्मति के बिना न करे, कराये।

अन्य भी जो शुद्ध हृदयवाले तथा विद्वान् और बुद्धिमान निश्चित बुद्धि वाले, पदार्थों का संग्रह करने में अति चतुर तथा सुपरीक्षित हों, ऐसे लोगों को मन्त्री पद पर नियुक्त करे।

राजा को चाहिए कि जितने सचिवों से उसका काम चले उतने सचिवों की भली प्रकार परीक्षा करके, जो आलस्य रहित और चतुर हों, उनको अपना मन्त्री नियुक्त करे।

उन मन्त्रियों में जो शूरवीर, कुशल और उत्तम कुल में उत्पन्न हो उनको कोष का उत्तरदायित्व दे तथा जो पवित्रहृदय वाले सचिव हों उनको बड़े-बड़े कामों में और जो सब भांति से उचित होने पर भी भीरु प्रकृति के हों उनको भीतर के कामों में नियुक्त करे।

दूत के स्थान पर उसकी नियुक्ति करे जो प्रशंसित कुल में उत्पन्न हुआ हो, चतुर हो, पवित्र हृदय वाला हो, किसी के हाव-भाव और चेष्टा तथा भीतर की बात जानने की क्षमता रखता हो अथवा भविष्य के विषय में जान सकता हो, जो सब शास्त्रों का ज्ञाता हो।

दूत ऐसा होना चाहिए कि जो राजकाज में अनुरक्त हो, शुद्ध चित्तवाला हो, चतुर हो, जिसकी स्मरण-शक्ति तेज हो, देश-काल से भलीभांति परिचित हो, जिसका शरीर भी अच्छा हो, निर्भय हो, जिसको कोई डर न सताता हो तथा बोलनेवाला हो। ऐसा राजा का दूत प्रशंसनीय माना जाता है।

इसके अतिरिक्त भी जिसको सन्धि और विग्रह के समय का ज्ञान हो, समर्थ हो, समय पड़ने पर सब प्रकार की विपत्ति को झेल सकता हो, शत्रु-पक्ष से कितना भी प्रलोभन क्यों न मिले, उसके साथ न मिलनेवाला दृढ़ चरित्र हो, धर्म, अर्थ और काम से जो शुद्ध हो।

सब शास्त्रों को भली प्रकार जाननेवाला हो, कुलीन हो, अपनी आजीविका भली प्रकार चला सकता हो, चतुर पुरुषों को एकत्रित रखने की सामर्थ्य हो, इस प्रकार बर्ताव करता हुआ कोष की वृद्धि के लिए निरन्तर यत्न रहनेवाला हो।

आय-व्यय का हिसाब रखने में जो चतुर हो, जो निर्लोभी हो, धर्म में जिसकी आस्था हो, कार्य का जो तात्पर्य समझता हो, उसको ही कोष पर नियुक्त करना चाहिए।

अपने काम के अतिरिक्त भी अन्य कार्यों में जो कुशल हो, जिसकी लिपि बहुत ही संकर हो, विपत्ति आ पड़ने पर उसको झेलने का सामर्थ्यवाला हो, सबका विश्वासपात्र हो, सच्चा हो, सब कामों में निश्चित हो, जो सन्तुष्ट हो, उसको ही कोष पर नियुक्त करने में लाभ है।

राजा को चाहिए कि स्वामी से अधिक अपेक्षा न रखनेवाले समय और मौके की नजाकत को पहचाननेवाले, काम और धरोहर में सच्चे, ऐसे बाहर और भीतर के भेदी लोगों को समीपी कामों में और गृह की रक्षाओं में नियुक्त करे।

मन्त्री को दण्डाधिकार दिया जाये किन्तु दण्ड जिसको दिया जाए उसके विषय में यह जान लेना चाहिए की उसमें विनयशीलता है, जिससे कि दण्डाधिकार पाकर उद्दण्डता न करने लगे। जहां तक सम्भव हो, कोष को राजा अपने अधीन रखे, महत्त्वपूर्ण राष्ट्रीय मामले राजा स्वयं अपने अधीन रखे और सन्धि विपर्यय का कार्य दूत के अधीन दिया जाए।

क्योंकि दूत ही एक ऐसा व्यक्ति है जो फूट पड़ने पर मेल करा देता है और यदि राजा के शत्रुगण परस्पर मिल गए हों तो उनमें परस्पर फूट भी उत्पन्न करा देता है। दूत कुछ इस प्रकार का कार्य कर देता है कि जिससे शत्रुओं के शुभचिन्तकों में परस्पर फूट पड़ जाती है।

ऐसा वह दूत अपने राजा के, जो भृत्य आदि 'असन्तुष्ट' हो गए हैं और इसी प्रकार अन्य राजकर्मचारी भी छिपे-छिपे तौर पर अथवा संकेत से बातचीत करने लगे हों, उनकी चेष्टाओं से, उनके आचार आदि से उनके अभिलषित कार्य को जानने की चेष्टा करे।

(ऊपर जहां हमने 'असन्तुष्ट' शब्द लिखा है वहां पर मनु ने 'कृत्य' शब्द का प्रयोग किया है। 'अमरकोष', 'कौटिल्य'-सूत्र आदि में जिसके अर्थ असन्तुष्ट आदि दिए हैं।

सभापति, सब सभासद और दूत आदि वास्तविकता से विरोधी राजा के राज्य का अभिप्राय जानकर उस प्रकार का प्रयत्न करें जिससे कि अपने को अर्थात् अपने राजा और राज्य को किसी प्रकार का कष्ट उनके द्वारा न पहुँचाया जा सके।

जिसके आस-पास जंगल प्रदेश हो, जहाँ ठीक-ठीक पानी बरसता हो, बाढ़ न आती हो, जो हरा-भरा और धन-धान्य से सम्पन्न हो, जिसमें आस-पास भले लोगों का निवास हो, जो रोग रहित स्थान हो, सुन्दर, रमणीय हो, जहाँ विनम्रता का साम्राज्य हो, जहां मनुष्य को आजीविका चलाने में सुविधा होती हो-ऐसे देश में निवास करना उचित है।

राजा को ऐसे स्थान पर निवास करना चाहिए जहाँ धन्वदुर्ग अर्थात् और शत्रु जहां दुर्गमता से भी न पहुंच सकें, उस स्थान पर धरती के भीतर सुरंग तहखाने आदि बने

हो, जिसके चारों ओर पानी हो, इसी प्रकार जो चारों ओर घने जंगल से घिरा हो, जो सेना से घिरा हो, जिसके चारों और पहाड़ हों उस स्थान पर अपना किला बनाकर रहे।

राजा सब प्रकार से प्रयत्न करके 'पर्वत दुर्ग' का ही आश्रय ग्रहण करे। सब दुर्गों में पहाड़ी दुर्ग श्रेष्ठ माना गया है। क्योंकि उसमें सबसे अधिक विशेषताएं होती हैं।

जो छः प्रकार के दुर्ग बताये गए हैं उनमें छः प्रकार के प्राणी अपने को बचा सकते हैं। जैसे धनुदुर्ग में मृग, मही दुर्ग में मूषक आदि, जलदुर्ग में जल चर आदि, वृक्ष दुर्ग में वानर आदि, नृदुर्ग में साधारण मनुष्य और गिरिदुर्ग में देवता। इस प्रकार गिरिदुर्ग की श्रेष्ठता को और भी बढ़ाकर बताया गया है।

जिस प्रकार इन दुर्गवासियों को शत्रु कष्ट नहीं दे सकते वैसे ही गिरिदुर्ग के अथवा सुदृढ़ दुर्ग में रहनेवाले राजा को शत्रु नहीं मार सकता।

दुर्ग के भीतर रहनेवाला एक भी धनुर्धर वीर अथवा शस्त्रधारी अकेला ही शत्रु के सौ वीरों को परास्त कर सकता है। इसी प्रकार सौ धनुर्धारी वीर दस हजार शत्रु को परास्त कर सकते हैं, इसीलिए कहा गया है कि दुर्ग का बनाना बहुत आवश्यक है।

कोई-कोई यह भी कहते हैं कि जिस राजा के पास अत्यधिक सशस्त्र सेना हैं, वह सुरक्षित है। इसको ही मनुष्य-दुर्ग कहा गया है। क्योंकि यदि दुर्गम पर्वत पर बना हुआ 'गिरिदुर्ग' भी सैनिक से रहित हो तो शत्रु उस पर शीघ्र ही विजय प्राप्त कर लेगा।

राजा अपने दुर्ग को शस्त्रास्त्र, धन, धान्य, सब प्रकार के वाहन, सब प्रकार की विद्याओं को जाननेवाले ब्राह्मण, कारीगर, नाना प्रकार के यंत्र, चारा और घास तथा जल से परिपूर्ण रखे। जिससे कि शत्रु के आक्रमण होने पर यदि बाहर से आवागमन बन्द हो जाये तो दुर्ग में रहनेवाले प्राणी इन वस्तुओं के अभाव में कष्ट का अनुभव न करें।

उस दुर्ग के भीतर राजा पर्याप्त मात्रा में सुख-सुविधाओं से युक्त जल और वक्ष से युक्त, सब प्रकार से सुरक्षित और गुप्त सुंदर श्वेत वर्ण का अपना घर बनावे।

इस प्रकार घर बनाने के उपरान्त राजा को चाहिए कि सुन्दर रूप और गुणों से युक्त, हृदय को अति प्रिय लगनेवाली, उत्तम कुल में उत्पन्न सामान्यतया राजकुल में उत्पन्न-सब अच्छे लक्षणों से युक्त सवर्ण अर्थात् क्षत्रिय कुल की कन्या से विवाह करे।

राजा को पुरोहित और ऋत्विक को इसलिए वरण करना चाहिए कि वे राजगृह में रहते हुए अग्निहोत्र और पक्षेष्टि यज्ञ आदि राजघराने की प्रथा के अनुसार वहां के सब कृत्यों का सम्पादन करने के लिए राजा को निरन्तर प्रेरित करते रहें।

राजा बहुत दक्षिणावाले अनेक प्रकार के यज्ञों का आयोजन करे तथा धर्म कार्य के लिए ब्राह्मणों को भोग्य पदार्थ और धन आदि से सन्तुष्ट करे।

राजा मालगुजारी आदि राजस्व के उगाहने के लिए आप्त पुरुषों को नियुक्त कर उनके माध्यम से वार्षिक मालगुजारी ग्रहण करे तथा राजा स्वयं शास्त्रानुकूल आचरण करता हुआ प्रजा के साथ पिता के तुल्य व्यवहार करे।

राजा को चाहिए कि अनेक प्रकार के कर्मों के लिए योग्य विद्वानों की अध्यक्ष के रूप में नियुक्ति करे। और वे अध्यक्ष जिनको राजा ने नियुक्त किया है (सब कामों में) भली प्रकार देखकर प्रजा का निरीक्षण करें।

शास्त्र-ज्ञान से परिपूर्ण ब्राह्मण राजा की ब्रह्म-निधि कही गई है। यह उसकी अक्षय निधि मानी गई है। जो बटुक गुरुकुल से शिक्षा ग्रहण कर वापस आ गये हो राजा को चाहिए कि वह उनको यथोचित आदर-सत्कार कर उनके गृहस्थ में प्रविष्ट होने के लिए यथोचित मात्रा में धन प्रदान करे। इस प्रकार करने से राजा का राज्य निरन्तर उन्नति करता है।

ब्राह्मणों को दी गई उस निधि को चोर नहीं चुरा सकता, उसको शत्रु भी नष्ट नहीं कर सकता। इस प्रकार ब्राह्मणों के रूप में राजा की यह अक्षय निधि जमा रहती है।

अग्नि में जो हवन किया जाता है, वह कभी गिर जाता है, कभी सूख जाता है और कभी नष्ट हो जाता है। किन्तु ब्राह्मण को जो धन आदि दिया जाता है उसमें यह सब कुछ नहीं होता है। इसलिए ब्राह्मण को दान देना श्रेष्ठ माना गया है।

इसी प्रकार यदि क्षत्रिय आदि को दिया जाये तो उसका बराबर फल होता है। क्रिया रहित ब्राह्मण को देने पर भी उससे दुगुना फल प्राप्त होता है। सुपठित ब्राह्मण को देने में एक लाख गुणा अधिक फल मिलता है और यदि ब्राह्मण समस्त वेद-वेदांगों का ज्ञाता हो तो उसको दिया हुआ अनन्त फल देनेवाला होता है।

जिस-जिस प्रकार के पात्र को दान दिया गया है और जिस-जिस प्रकार की श्रद्धा दान करते समय दाता के मन में रही है उसके अनुसार उसको परलोक में इसका सुफल प्राप्त होता है।

राजा का सारा धर्म यही है कि संग्राम में जीती हुई सम्पत्ति को ब्राह्मणों, अपने सैनिकों तथा अन्यान्य, जिन्हें उसकी नितान्त आवश्यकता हो, उनमें बाट दे। देशकाल के विधान से श्रद्धा सहित द्रव्य जो कुछ भी दान किया जाता है वही धर्म का श्रृंगार है।

इस प्रकार धर्म पूर्वक प्रजा का पालन करते हुए राजा को यदि कभी कोई अपने समान, अपने से अधिक सामर्थ्यवाला अथवा अपने से छोटा भी शत्रु युद्ध के लिए आह्वान करे तो राजा को चाहिए कि क्षत्रिय धर्म का स्मरण कर उसके साथ संग्राम से कभी विमुख न हो।

संग्राम से न भागना, प्रजा का पालन करना, ब्राह्मणों की सेवा करना ये तीनों राजा के लिए परम कल्याणकारी माने गए हैं।

जो राजा संग्राम होने पर एक दूसरे को मारने की इच्छा करते हुए अपने सामर्थ्य के अनुसार, बिना डरे युद्ध करता रहता है और शत्रु को अपनी पीठ नहीं दिखाता वह स्वर्ग का भागी बनता है।

राजा को चाहिए कि रण में आए हुए शत्रु को राजा अथवा उसकी सेना को ऐसे शस्त्रों से मारने की चेष्टा न करे जो गुप्त हो, ऐसे वाण जो कि लगने पर कठिनाई से निकलते हों, जो विष में बुझे हुए हों अथवा जो जलते हुए हों।

युद्ध करते हुए जो योद्धा रथ से उतर गया है, जो नपुंसक है, जिसने हाथ जोड़ लिए हों, जिसके सर के बाल खुल गए हों, जो बैठ गया हो और जो कहे कि 'मैं तेरी शरण में हूं' उसको कभी न मारे।

जो सोया हुआ हो, जो मूर्च्छित हो, जो नग्न हो गया हो, जिसके हाथ से शस्त्र छूट गया हो, जो केवल युद्ध करते हुए को देख भर रहा हो, स्वयं युद्ध न कर रहा हो अर्थात् जो असावधान हो, जो केवल शत्रु के साथ खड़ा अथवा बैठा हो, उस पर कभी प्रहार न करे।

शस्त्र लगने से जो पीड़ित हो गया हो अर्थात् घायल होने से युद्ध करने में असमर्थ हो गया हो, जो दु:खी हो, जो क्षतविक्षत हो गया हो, जो डर गया हो, जो मैदान छोड़कर भाग रहा हो-ऐसे योद्धा को सत्पुरुषों के धर्म का स्मरण करते हुए कभी न मारे।

जो युद्ध से पलायन करे अथवा लौट जाये, तथा जो मृत्यु-युद्ध में डरा हुआ है वह यदि शत्रु द्वारा मारा जाता है तो वह अपने स्वामी के सब अपराधों को पाता है। अर्थात उसका स्वामी पाप रहित हो जाता है और इस प्रकार वह शत्रु-पक्ष के लिए हानिकर सिद्ध होता है।

इस प्रकार जो भृत्य युद्ध में मारा जाता है, उसके कितने भी सुकृत हैं। वे सब उसके स्वामी को प्राप्त हो जाते हैं। इस प्रकार युद्ध से पलायन करनेवाला जब मारा जाता है उसका सब कुछ सुकृत नष्ट हो जाता है और उसको पाप लगता है।

युद्ध करते समय जिस-जिस सैनिक, भृत्य अथवा आमात्य और सेनापति ने, जो कुछ रथ, घोड़ा, हाथी, छत्र, धन, धान्य, गाय, अन्यान्य पशु और स्त्रियां तथा सब प्रकार के द्रव्य एवं घी, तेल आदि के कुप्पे जीत में प्राप्त किए हों वह सब उसका ही माना जाता है। उसको वही ग्रहण करे अन्य कोई नहीं।

किन्तु जिसने उन पदार्थों को जीता है उसको चाहिए कि वह उनमें से उत्तम वस्तुओं को राजा को समर्पित करें। राजा को भी चाहिए कि जिस-जिस से जो कुछ प्राप्त हुआ है उस सबको एकत्रित कर व उसको सब योद्धाओं में बराबर बांट दे। इस प्रकार यदि किसी ने युद्ध में कुछ भी न पाया हो तो राजा के देने से उसको भी कुछ-न-कुछ प्राप्त हो जाता है और वह पुन: राजा की सेवा के लिए मन से तत्पर रहता है।

राजा ने युद्ध में जो कुछ भी जीता है, वह सब अकेला न ले ले। उसमें से भी यथोचित भाग वह अपने सैनिकों में बांट दे। क्योंकि राजा को तो छत्र और यश मात्र से ही प्रसन्न हो जाना चाहिए।

इस प्रकार यह संग्राम धर्म, जो अनिन्दित, सदा से चला आया हुआ है ऐसा योद्धा का धर्म कहा गया है। क्षत्रिय को चाहिए कि युद्ध में शत्रुओं को मारता हुआ इस धर्म से कभी विचलित न होवे। अर्थात सदा इसका पालन करे।

राजा को चाहिए कि जो प्राप्त नहीं है उसी की प्राप्ति की लालसा करे। और जो प्राप्त हो गया है इसकी प्रयत्नपूर्वक रक्षा करे। जो रक्षित है उसको सतत बढ़ाने का यत्न करे और जो इस प्रकार बढ़ गया है उसको सुपात्र में रखे अर्थात् ब्राह्मणों, उपदेशकों, असमर्थ अनाथों तथा जो भी उसके योग्य है उनको दान करे, उनकी आवश्यकताओं की उससे पूर्ति करे।

इस प्रकार यह राज्य के लिए पुरुषार्थ करने का उद्देश्य, चार प्रकार का पुरुषार्थ समझना चाहिए। राजा को चाहिए कि वह आलस्यरहित होकर इस पुरुषार्थ का नित्य भली प्रकार अनुष्ठान कर पालन करता रहे।

जो उसको प्राप्त नहीं है उसको वह जीतकर लेने की इच्छा करे और जो प्राप्त कर लिया है उसको नित्य प्रति देखता रहे और उसकी रक्षा करे। जो रक्षित है उसकी निरन्तर वृद्धि करता रहे, उसको व्यापार आदि से बढ़ावे और बढ़ा हुआ धन सम्पत्ति है उसको सुपात्र को दान दे, योग्य की आवश्यकता पूर्ति में लगाये। इस प्रकार भी उसकी वृद्धि ही समझनी चाहिए।

राजा को चाहिए कि वह दण्ड का प्रयोग करने के लिए सदा तत्पर रहे और अपना पराक्रम प्रदर्शित करने के लिए भी सदा तत्पर रहे। गोपनीय कार्यों को सदा गुप्त रखे और शत्रु के छिद्रों, उसकी कमियों को सदा खोजता रहे।

जो राजा नित्य दण्ड का प्रयोग करता रहता है उससे सारा संसार भयभीत रहता है, इसलिए सब प्राणियों को दण्ड के भय से अनुशासित करना चाहिए।

किसी के साथ कभी छल-कपट का व्यवहार न करे और सबसे निष्कपट होकर व्यवहार करे। अपनी रक्षा में सदा तत्पर रहे और शत्रु द्वारा किये गए छल से भी अपनी रक्षा करे।

कोई भी अपने छिद्र को न जान सके किन्तु दूसरे की निर्बलता को जानता रहे। जिस प्रकार कछुआ अपने शरीर को छिपाकर रखता है उसी प्रकार राजा को चाहिए कि वह अपने छिद्र को छिपाकर रखे।

अविश्वासी पर कभी विश्वास न करे और जो विश्वासी है उस पर भी बहुत अधिक विश्वास न करे। क्योंकि विश्वास के कारण जो भय उत्पन्न होता है वह तो समूल नष्ट कर देता है।

जिस प्रकार बगुला अपना शिकार पकड़ने के लिए ध्यानवत बैठा रहता है उसी प्रकार राजा को चाहिए कि वह अर्थ संग्रह में ध्यान लगाए और उसकी प्राप्ति के लिए सिंह के समान पराक्रम दिखाये। चीते के समान छिपकर शत्रु को पकड़ ले और यदि बलवान शत्रु पास आ गया हो तो खरगोश की भाति वहां से भाग जाये।

इस प्रकार विजय प्राप्त करनेवाले राजा के राज्य में जो डाकू आदि लुटेरे हों उनको साम-दाम-भेद से अपने वश में कर ले।

ऐसे डाकू यदि साम-दाम-भेद से उसके वश में न आयें तो उनको फिर अन्त में दण्ड से वश में करे।

विद्वान लोग साम-दाम-भेद, इन चार उपायों में से डाकू आदि को वश में करने के लिए और राज्य की वृद्धि करने के लिए भी साम और दण्ड की ही अधिक प्रशंसा करते हैं।

जिस प्रकार किसान खेती की रक्षा करने के लिए तृणों को उखाड़ फेंकता है और धान्यों की रक्षा करता है, उसी प्रकार राजा को चाहिए कि वह राष्ट्रविरोधी तत्त्वों को उखाड़ फेंके और राष्ट्र की रक्षा करे।

जो राजा अज्ञान वश और विवेकहीनता वश अपने राज्य को दुर्बल करता है अथवा राष्ट्रवासियों को कष्ट देता है ऐसा राजा न केवल राज्य अपितु अपने बन्धु-बान्धवों सहित नष्ट हो जाता है।

जिस प्रकार प्राणियों के प्राण शरीर का शोषण करने के क्षीण हो जाते हैं उसी प्रकार प्रजा को पीड़ित करने से राजाओं के प्राण अर्थात् हित-मित्र, बन्धु-बान्धव भी नष्ट हो जाते हैं।

इसलिए राजा की चाहिए कि राष्ट्र की रक्षा-व्यवस्था एवं अभिवृद्धि के लिए सदैव इस विधान को कार्य में लाए। क्योंकि सुरक्षित एवं समृद्ध तथा व्यवस्थित राष्ट्रवाला राजा ही सुखपूर्वक उन्नति करते हुए बढ़ता रहता है।

इसलिए दो-तीन-पांच और सौ ग्राम के बीच में एक-एक टुकड़ी नियत करे जो कि उस आस-पास के क्षेत्र का सभी प्रकार से निरीक्षण-परीक्षण तथा प्रशासन करते रहें, इस प्रकार राष्ट्र का संग्रह करे।

प्रत्येक ग्राम में उसका मुखिया नियत करे, दस ग्रामों पर उनका एक अन्य मुखिया नियत करे और फिर उन्हीं बीस ग्रामों पर तीसरा मुखिया नियत करे और फिर सौ ग्रामों के ऊपर सबसे बड़ा मुखिया नियत करे और जो हजार ग्रामों पर मुखिया हो उसको उन हजार ग्रामों का निर्णय करने का सारा अधिकार प्रदान करे।

इस प्रकार व्यवस्था करके प्रत्येक ग्राम का मुखिया अपने ग्राम की गतिविधि से नित्य प्रति अपने दस ग्राम के अधिपति को सूचित करता रहे, किन्तु यही भेद किसी पर प्रकट न होने दे, वह दस ग्राम का अधिपति अपने क्षेत्र की गतिविधि का विवरण बीस गाँव वाले को दे, वह सौ गाँव वालों को और सौ गाँव वाला हजार गाँव वाले को दे। इस प्रकार प्रति दिन उन सब गाँव की स्थिति उनके मुखियों को प्राप्त होती रहनी चाहिए।

इसमें अतिरिक्त राजस्व की उगाही के लिए राजा को चाहिए कि वह अन्य कर्मचारियों की नियुक्ति करे और जो कुछ ग्रामों से प्रातव्य है वह उसको ग्रहण करे।

दस ग्राम वाला जो मुखिया है उसको एक 'कुल' का भोग ग्रहण करने का अधिकार है। (छः बैल का मध्यम हल माना जाता है, ऐसे दो हलों से एक दिन में जितनी पृथ्वी जोती जाये उसको 'कुल' कहते हैं।) बीस गाँववाला पाँच कुल का और सौ ग्राम वाला एक मध्यम ग्राम तथा हजार गाँव वाला एक मध्यम नगर का भोग ग्रहण करे। इस प्रकार उन लोगों की आजीविका का प्रबन्ध किया जाये।

इस प्रकार नियुक्त उन ग्राम के अधिपतियों के ग्राम से सम्बद्ध राज कार्यों तथा और भी भिन्न-भिन्न को, राजा एक विश्वास पात्र एवं आलस्यरहित मन्त्री के अधीन करके अपना राज काज देखे।

राजा प्रत्येक नगर में एक नगराधिपति नियुक्त करे जैसा कि नक्षत्रों के बीच में चन्द्रमा होता है, इस प्रकार विशाल और देखने में प्रभावकारी, उसके साथ ही वह भयकारी भी हो, अर्थात् जिसका रोब-रुआब हो, जो प्रबन्ध-व्यवस्था में सब प्रकार से कुशल हो, उसको नियुक्त करके उसके लिए एक ऊंचा भवन और उसके कार्यालय का निर्माण करायें।

वह नगराधिपति अपने अधीनस्थ सभी नगरों का परिभ्रमण कर उनका निरीक्षण करे और सारे क्षेत्र में अपने दूतों के द्वारा विभिन्न स्थानों पर नियुक्त राजपुरुषों और ग्राम मुखिया के आचरण की गुप्त रूप से जानकारी रखे और उससे राजा को सदा सूचित करता रहे।

क्योंकि प्राय: राजा द्वारा प्रजा की सुरक्षा के लिए नियुक्त राजसेवक दूसरों के धन के लालची, रिश्वतखोर और ठग और धूर्त हो जाते हैं। ऐसे राजपुरुषों से अपनी प्रजा की रक्षा करना राजा का कर्तव्य है।

पापी मन वाले वे रिश्वतखोर और ठग राजपुरुष यदि काम करनेवालों और वादी-प्रतिवादियों से किसी प्रकार की रिश्वत आदि ले ही लें तो उसका सब कुछ अपहरण करके राजा उन्हें देश-निकाला दे दे।

राजकार्यों में नियुक्त राजपुरुषों, स्त्रियों और सेवक वर्ग की पद और काम के अनुसार प्रतिदिन का कार्य और उनका स्थान नियत कर उनकी जीविका भी निश्चित कर दे।

जो निम्नस्तर के नौकर हों उनको कम-से-कम एक पण और जो उच्च स्तर के कर्मचारी हों उनको छ: पण प्रतिदिन का वेतन देना चाहिए अत: छ: मास में उनको ओढ़ने-बिछाने तथा पहनने के वस्त्र और एक महीने में एक द्रोण धान्य देना चाहिए (एक द्रोण लगभग साठ किलोग्राम होता है। यह सारा व्यवस्था उस युग का है, किन्तु आज यह सब बदल गया है, मात्रा भी और परिमाण भी। अत: समय से परिस्थिति को देखकर इसमें परिवर्तन करना चाहिए।)

खरीदना और बेचना, भोजन और भरण-पोषण का व्यय तथा पुण्य निर्वाह आदि इन सब बातों पर विचार करके राजा को चाहिए कि वह व्यापारियों से राजस्व ले। जैसे

राजा और राजा के कार्य का करनेवाला कर्मचारी राजपुरुष तथा प्रजा सुख पूर्वक रहें उस प्रकार विचार करके राजा को भी चाहिए कि वह प्रजा से थोड़ा-थोड़ा करके वार्षिक कर ले।

राजा को पशु और सोने के लाभ में से आधा भाग, और अन्नों का छठा, आठवां अथवा अधिक-से-अधिक बारहवां भाग ही लेना चाहिए।

गोंद, मधु, घी और गंध, औषधि, रस तथा फूल, मूल फल इनके लाभ का छठा भाग ही कर के रूप में ग्रहण करे।

और वृक्ष-पत्र, शाक, तृण, चमड़ा, बांस से बनी वस्तुएँ, मिट्टी के बने बर्तन आदि और सब प्रकार के पत्थर से बनी वस्तुएं इनके लाभ का भी छठा भाग ही कर के रूप में लें।

राजा का मरण ही निकट क्यों न हो तब भी वह श्रोत्रिय (वेद-विद्वान) से कर ग्रहण न करे तथा राजा को चाहिए कि उसके राज्य में रहनेवाला श्रोत्रिय किसी प्रकार का कष्ट न पायें।

जिस राजा के राज्य में श्रोत्रिय कष्ट में रहता है उसकी आह से राजा का राज्य भी शीघ्र ही नष्ट होने लगता है।

राजा को चाहिए कि जो श्रोत्रिय जिस योग्यता का है उसका निर्धारण कर उसकी धर्मयुक्त जीविका की व्यवस्था करे। और उसकी ठीक उसी प्रकार रक्षा करे जिस प्रकार पिता अपने पुत्र की करता है।

क्योंकि जो राजा वेद के विद्वान् की इस प्रकार रक्षा करता है उससे वह श्रोत्रिय नित्य धर्म कार्य करता है और उसके पुण्य से राजा की आयु, धन और राज्य बढ़ता है।

राज्य में व्यापार आदि से जीविका चलानेवाले प्रत्येक व्यक्ति से भी थोड़ा-बहुत तो वार्षिक कर के रूप में अवश्य लेना चाहिए।

लोहार, बढ़ई आदि तथा अन्यान्य दासों से राजा कर के बदले में मास में कोई एक एक काम करा ले।

अति लोभ से अपने और दूसरों के सुख के मूल को कदापि नष्ट न होने दे। क्योंकि जो अपने व्यवहार और सुख के मूल का छेदन करता है वह स्वयं को और उन दूसरों को भी पीड़ा ही देता है।

जो राजा कार्य को देखकर समयानुसार तीक्ष्ण और कोमल भी हो वह दुष्टों पर तीक्ष्ण और श्रेष्ठों पर कोमल रहने से अति माननीय हो जाता है।

प्रजा के कार्यों की देखभाल करने पर, रुग्णता आदि के कारण अशक्त होने पर उस अपने आसन पर न्यायकारी धर्म का जाननेवाला बुद्धिमान जितेन्द्रिय, कुलीन प्रधान आमात्य को नियुक्त कर दे।

इस प्रकार राज्य का भली प्रकार प्रबन्ध करके, सदा उसमें नियुक्त और प्रमाद रहित होकर निरन्तर अपनी प्रजा का पालन करे।

इस प्रकार भांति-भांति के भृत्यों के होने पर भी जिस राजा के राज्य में प्रजा को चोर-डाकू आदि से सदा त्रस्त होना पड़ता है वह राजा जीवित होता हुआ भी मृत के समान है।

प्रजा-पालन करना ही राजा का परम धर्म है इसलिए राजा को चाहिए कि जो धर्म उसके लिए नियत है उसके अनुसार ही कर्म करे, उसके अनुसार ही फल का भी भोग करे।

एक प्रहर रात्रि के रहते राजा को बिस्तर छोड़ देना चाहिए। नित्य कर्म से निवृत्त होकर परमेश्वर का ध्यान करे, अग्निहोत्र करे, विद्वानों का सत्कार करे, और भोजनोपरान्त राजसभा में प्रविष्ट होकर राज-काज देखे।

राजसभा में रहते हुए जो प्रजाजन अपना निवेदन लेकर उपस्थिति हों, उनके प्रतिवेदनों पर विचार करे और उनका निपटारा करे और उसके बाद फिर अपने मन्त्रिमण्डल से भविष्य के लिए विचार-विमर्श करे। तत्कालीन किसी समस्या पर भी विचार करने की आवश्यकता हो तो मन्त्रियों से परामर्श करे।

फिर मन्त्रियों को लेकर किसी पर्वत के शिखर पर अथवा किसी एकान्त स्थान पर अथवा किसी ऐसे प्रासाद में जहाँ एकान्त हो तथा ऐसे जंगल में जहाँ वृक्ष के नाम पर एक शलाका भी न हो, वहां एकान्त में बैठकर किसी प्रकार की भेदभाव की भावना को त्यागकर मन्त्रियों के साथ राज्य संचालन विषयक विचार-विमर्श करे।

जिस राजा के गहन विचारों को अन्य जन मिलकर नहीं जान सकते, जिसका विचार सदा गुप्त रहता है वह राजा कोष-हीन होने पर भी सारी पृथ्वी का राज करने में समर्थ रहता है।

जड़, मूक, अन्ध, वधिर, पक्षी, वृद्ध, स्त्री, म्लेच्छ, रोगी, विकृत अंगवाला ऐसा कोई भी राजा के मन्त्रिमण्डल में नहीं होना चाहिए। राजा को इनसे दूर ही रहना चाहिए। ऐसे लोग मन्त्र को गुप्त नहीं रख सकते। शुक-सारिका आदि पक्षी और स्त्रियों के मन

में तो कोई बात रह ही नहीं सकती। अत: उनके समक्ष किसी प्रकार की मन्त्रणा नहीं की जानी चाहिए।

दोपहर, दिन में या अर्द्ध रात्रि में चित्त के खेद और शरीर के क्लेश से रहित होकर मन्त्रियों के साथ नित्य धर्म, अर्थ और काम का चिन्तन करना चाहिए।

और उस धर्म, अर्थ और काम में परस्पर विरोध आ पड़ने पर उसे दूर कर उनकी अभिवृद्धि करना और कन्याओं और कुमारों की शिक्षा और संरक्षण आदि का चिन्तन करें।

दूतों को इधर-उधर भेजना, उसी प्रकार अन्यान्य कार्यों को पूर्ण करना तथा अपने अन्त:पुर के आन्तरिक आचरण एवं चेष्टाओं पर भी सदा दृष्टि रखना और तदनुसार विचार करना राजा का कर्तव्य है।

सम्पूर्ण अष्टविध कर्म और पंचवर्ग का तत्त्व से विचार कर अपने मन्त्रियों के अनुराग विराग को ध्यान में रखे तथा राज्य-मण्डल की स्थिति को एवं उनके आचरण को ठीक-ठीक प्रकार से समझे और उस पर चिन्तन करे।

राजा के चार प्रकार बताये हैं, मध्यम, विजिगीषु और उदासीन तथा शत्रु इनमें 'मध्यम' राजा के आचरण का, 'विजिगीषु' के प्रयत्नों का तथा 'उदासीन' की स्थिति का तथा जो राजा अपना 'शत्रु' है उसके आचरण और स्थिति का भी प्रयत्न पूर्वक विचार करके तदनुसार अपने राज्य के रक्षण में प्रयत्नशील रहे।

संक्षेप में यह चार अर्थात्-मध्यम, विजिगीषु, उदासीन और शत्रु-राज्य-मण्डल की मूल प्रवृत्तियाँ अर्थात् विचारणीय स्थितियाँ हैं। इसी प्रकार अन्य आठ प्रकृतियां भी कही गई हैं। इस प्रकार ये सब मिलकर बारह होती हैं। (वे आठ अन्य हैं-इन चार के मित्र चार और इन चार के शत्रु इस प्रकार से ये आठ होते हैं।)

इसके अतिरिक्त भी मंन्त्री, राष्ट्र, किला, कोष और दण्ड-ये पाँच प्रकृतियाँ हैं। इस प्रकार पहले कहीं गई बारह प्रकृतियों के साथ ये मिलकर उनके पाँच-पाँच भेद हो जाने पर इस प्रकार संक्षेप में ये कुल 72 प्रकृतियाँ हो जाती हैं।

अपने समीपवर्ती राजा और शत्रु राजा की सेवा सहायता करनेवाले राजा को अपना शत्रु ही समझना चाहिए। इससे भिन्न आचरण करनेवाला जो राजा है अर्थात् शत्रु राजा का शत्रु अपना मित्र होता है और इन दोनों से जो भिन्न है उसे उदासीन राजा समझना चाहिए।

उन सब प्रकार के राजाओं को साम आदि उपायों में से एक-एक उपाय से अथवा सब मिलाकर, वीरता और नीति से उन सबको अपने वश में रखे।

सन्धि, विग्रह, यान, आसन, द्वैधीभाव और संश्रय इन छः गुणों का भी विचार राजा को सदा करते रहना चाहिए।

आसन, यान, सन्धि, विग्रह, द्वैधीभाव और आश्रय-इन छः गुणों को अवसर देखकर जैसा उचित हो उस प्रकार करना चाहिए। सन्धि, विग्रह, यान, आसन, द्वैधीभाव और संश्रय-ये सब दो प्रकार के होते हैं, राजा को इन्हें भली-भाँति जान लेना चाहिए।

तात्कालिक फल देनेवाली और भविष्य में फल देनेवाली सन्धि दो प्रकार की होती हैं। उसे समानयानकर्मा अर्थात् किसी राजा से मेल करके शत्रु राजा पर चढ़ाई करना और असमानयानकर्मा अर्थात् किसी राजा से मेल करके अलग-अलग दिशाओं में शत्रु राजा पर आक्रमण करना।

विग्रह भी दो प्रकार का होता है-चाहे युद्ध के लिए निश्चित किये समय में अथवा अनिश्चित किसी भी समय में, या फिर कार्य की सिद्धि के लिए स्वयं किया गया विग्रह और किसी के द्वारा मित्र राजा पर आक्रमण या हानि पहुंचाने पर मित्र राजा की रक्षा के लिए किया गया विग्रह।

दैवयोग से अत्यावश्क कार्य में अकेला शत्रु पर आक्रमण करना या मित्र के साथ होकर शत्रु पर आक्रमण करना, यह दो प्रकार का यान 'धावा' कहलाता है।

पूर्व जन्म के दुष्कृत्यों से या इसी जन्म के दुष्कृत्यों से निर्बल हुए राजा का चुपचाप बैठे रहना अथवा मित्र के अनुरोध से चुपचाप बैठे रहना, यह दो प्रकार के आसन कहे गए है।

अर्थ सिद्धि के लिए कुछ सेना को एक स्थान पर स्थापित करना और शेष सेना को साथ लेकर राजा का दुर्ग में रहना, षड्गुणों के जाननेवालों ने ये दो प्रकार द्वैधीभाव के बताए है।

शत्रुओं द्वारा पीड़ित होकर अपने उद्देश्य की सिद्ध अथवा आत्मरक्षा के लिए किसी राजा का आश्रय लेना और भावी हार या दु:ख से बचने के लिए किसी श्रेष्ठ राजा का आश्रय लेना यह दो प्रकार का 'संश्रय' कहा गया है।

राजा जब यह जान ले कि इस समय युद्ध करने से थोड़ी पीड़ा होगी और बाद में करने से अपनी वृद्धि और विजय निश्चित दिखाई दे तो उस समय सन्धि कर लेनी चाहिए और उचित समय की प्रतीक्षा करनी चाहिए।

जब अपनी सब प्रजा व सेना अत्यन्त प्रसन्न, उन्नतिशील और श्रेष्ठ जाने वैसे अपने को भी समझे उस समय शत्रु से विग्रह कर लेना चाहिए। अर्थात् उस समय शत्रु पर आक्रमण कर दे।

किन्तु जब आपकी सेना बल, वाहन आदि से क्षीण हो जाए तो उस समय अपने शत्रु को धीरे-धीरे प्रयत्न से शान्त करता हुआ अपने स्थान पर जमा रहे।

जब अपना शत्रु अधिक बलवान दिखाई दे तब अपनी सेना को दो भागों में विभक्तकर कुछ सेना के साथ स्वयं दुर्ग में रहे तथा आधी सेना को युद्ध के लिए भेजे, इस प्रकार दोनों मोर्चों पर अपना कार्य साधे।

जब राजा को यह निश्चित हो जाए कि शीघ्र ही शत्रु उस पर आक्रमण करनेवाला है। उस समय राजा को चाहिए कि किसी धार्मिक और बलवान राजा का आश्रय ले ले।

जो प्रजा और अपनी सेना और शत्रु के बल का निग्रह करे अर्थात् उसे रोके उसकी सब प्रकार से गुरु के समान नित्य सेवा करे।

जिसका आश्रय ले उसमें यदि किसी प्रकार दोष दीखने लगें तो उसके साथ भी निश्शंक होकर युद्ध करना चाहिए।

नीति को जाननेवाले राजा को-जिस प्रकार उसके मित्र उदासीन और शत्रु अधिक न हों ऐसे सब उपाय करने चाहिए।

सब कार्यों का वर्तमान और भविष्य के कर्तव्य का भली प्रकार निश्चय करके तथा विगत काल में जो-जो किया गया है उस सब पर गुण-दोष के आधार पर विचार करके उन दोनों के निवारण के लिए गुणों की स्थिरता का विचार करे।

जो राजा आगे आनेवाले कर्मों में गुण-दोष का ज्ञाता, वर्तमान में तुरन्त निश्चय का कर्ता और अतीत के कार्यों में शेष कर्तव्य को भली प्रकार जानता है, वह कभी भी शत्रु द्वारा पराजित नहीं हो सकता।

राजा सब प्रकार से ऐसा प्रयत्न करे कि जिस प्रकार राजा के मित्र उदासीन और शत्रु को वश में करके, वे अन्यथा न कर पावे, ऐसे मोह में न फंसे, यही संक्षेप में राजनीति का सिद्धान्त है।

जब राजा शत्रु के राज्य में जाने को चढ़ाई करे तब इस विधि से धीरे-धीरे शत्रु के राज्य में जाए, जैसी अपनी सेना व अन्य बल हों तदनुसार उचित समय और ऋतु को देख-परखकर चढ़ाई करनी चाहिए।

किसी अन्य समय में भी जब राजा को यह निश्चय हो जाए कि उस समय चढ़ाई करने से उसकी विजय निश्चित है तो उस समय यदि चाहे तो शत्रु की ओर से उपद्रव उठे बिना स्वयं भी आक्रमण कर दे।

जिस समय राजा चढ़ाई पर जाए उस समय अपने राज्य की रक्षा का प्रबन्ध और यात्रा की सब सामग्री यथाविधि करके सब सेना, यान, वाहन, शस्त्र, अस्त्र आदि सब कुछ लेकर सब दूतों एवं गुप्तचरों को यथास्थान नियुक्त कर शत्रु पर चढ़ाई करे।

चढ़ाई में तीन प्रकार के मार्गों का सामना करना पड़ता है-थल, जल और आकाश। इन तीनों प्रकार के मार्गों का शोधन करके और छ: प्रकार अपना बल लेकर अर्थात् पैदल, रथ, हाथी, घोड़े, शस्त्र और अस्त्र, खान-पान आदि सामग्री को यथाविधि लेकर, किसी भी बहाने से धीरे-धीरे शत्रु के नगर के पास जाये।

जो राजा भीतर से शत्रु से मिला हो और अपने साथ भी ऊपर से मित्रता दिखाता हो उसे गुप्तता से शत्रु के भेद दे। उसके आने-जाने में, उससे बात करने में, अत्यन्त सावधानी बरते, क्योंकि भीतर शत्रु ऊपर मित्र को बड़ा ही कष्टदायक शत्रु समझना चाहिए।

(दण्ड के आकार के व्यूह की रचना दण्ड-व्यूह कहलाती है और शकट के आकार की रचना शकट व्यूह आदि-आदि इसी प्रकार समझना चाहिए।) दण्ड व व्यूह के समान सेना को चलाये अथवा शकट, वाराह, मकर, सूची और गरुड़ के तुल्य आकृति वाले व्यूह से-जैसा जहां उचित समझे वहां वैसे यात्रा करे, इस प्रकार युद्ध करे।

जिस ओर भय अधिक हो उस ओर अधिक सेना को भेजे, सेनापतियों को चारों ओर रखकर पद्म व्यूह अर्थात् पद्माकार चारों ओर सेनाओं को रखकर स्वयं मध्य में रहे।

सेनापति और बलाध्यक्ष आज्ञा को देने और सेना के साथ लड़ने-लड़ाने वाले वीरों को आठों दिशाओं में रखे, जिस ओर से लड़ाई होती हो उसी ओर सब सेना का मुख रखे।

जो दृढ़ स्तम्भों के तुल्य युद्धविद्या में सुशिक्षित, धार्मिक, स्थित होने और युद्ध करने में चतुर, भयरहित और जिनके मन में किसी प्रकार का विकार न हो, जो निश्चित संकेतों को समझनेवाले हों, उनको सेना के चारों ओर रखे।

अपनी सेना थोड़ी हो और शत्रु-सेना अधिक हो तो मिलकर लड़ावे और यदि आवश्यकता हो तो उन्हीं को तुरन्त फैलाकर युद्ध करे। जब नगर, दुर्ग व शत्रु की सेना में प्रविष्ट होकर युद्ध करना हो तो सूची-व्यूह तथा वज्र-व्यूह जैसा दुधारा खड्ग बनाये, दोनों ओर युद्ध करते जाएं और प्रविष्ट भी होते चले। वैसे अनेक प्रकार के व्यूह को बनाकर युद्ध करे।

जो सम भूमि में युद्ध करना हो तो रथ, घोड़े और पदातियों से; जो समुद्र में युद्ध करना हो तो नौका और थोड़े जल में हाथियों पर, वृक्ष और झाड़ी में बाण; स्थल, बालू में तलवार और ढाल से युद्ध करावे।

कुरुक्षेत्र निवासी और मत्स्यदेश के निवासी तथा पांचाल और शूरसेन देश के निवासी नाटे और ऊँचे मनुष्यों को सेना के आगे करे। क्योंकि ये रण कर्कश और वीर होते हैं। जिस समय युद्ध होता हो उस समय लड़नेवालों को उत्साहित करते रहे। लड़ते हुए अपनी सेना की चेष्टा को देखता रहे। सेना किस प्रकार लड़ रही है उसकी परीक्षा करता रहे, कहीं ऐसा न हो कि अपने कुछ सैनिक विश्वासघात कर जाएँ।

शत्रु को चारों ओर से घेरकर रोके रखे और उसके राज्य को पीड़ित कर शत्रु के चारा, अन्न, जल और ईंधन को नष्ट कर दे तथा बाहर से उसको किसी प्रकार की सामग्री न जाने दे।

शत्रु के तालाब, नगर के प्रकोष्ठ और खाई को तोड़-फोड़ दे। रात्रि के समय उसको कष्ट में डाले और किसी भी प्रकार से जीतने का उपाय करे।

शत्रु राजा के जितने भी अमात्य और सेनापति आदि हैं उनमें जितनी भी फूट डाली जा सके डाले, इस प्रकार शत्रु राजा की योजनाओं की जानकारी ले ले और विजय का इच्छुक राजा इस प्रकार भय छोड़कर उचित अवसर पर युद्ध-आक्रमण कर दे।

साम से, दाम से, भेद से अथवा इन सब उपायों को एक साथ करने से या फिर अलग-अलग प्रकार से किसी प्रकार शत्रु को जीतने का यत्न करे किन्तु कभी भी पहले युद्ध से जीतने का यत्न न करे।

संग्राम में जो युद्ध करते हैं उनकी जय और पराजय अनित्य मानी गई है। अर्थात् विजय का निश्चय नहीं है, पराजय भी हो सकती है। इसलिए पहले अन्य उपायों से यत्न करना चाहिए, युद्ध से नहीं। युद्ध को अन्तिम उपाय मानना चाहिए।

साम, दाम, भेद-इन तीनों ही उपायों से किसी भी प्रकार विजय की सम्भावना न रहने पर सब प्रकार से तैयारी करके इस प्रकार युद्ध करे जिससे कि शत्रु पर विजय निश्चित रूप से प्राप्त हो।

शत्रु पर विजय प्राप्त हो जाने पर धर्माचरणवाले विद्वान ब्राह्मण हों, उनको सत्कृत कर उनका आशीर्वाद प्राप्त करे और जिन प्रजाजनों को इस युद्ध में हानि हुई है उनकी क्षतिपूर्ति करे तथा इस प्रकार के अभयों की घोषणा करा दे।

विजित प्रदेश की इन सब प्रजाओं की इच्छा को सरसरी तौर पर जानकर कि वे किसे अपना राजा बनाना चाहते हैं, उस राज सिंहासन पर उस प्रदेश की प्रजाओं में से उन्हीं के वंश के किसी व्यक्ति को राज सिंहासन पर बैठा दे और उनसे एक प्रकार का अनुबन्ध करवा ले कि अमुक-अमुक कार्य में वह स्वतन्त्र होगा और अर्क कार्य मेरी इच्छा से करना होगा आदि-आदि।

उन विजित प्रदेश की प्रजाओं या नियुक्त राजपुरुषों द्वारा कही हुई उनकी न्यायोचित बातों को स्वीकार कर ले। जो अमान्य हों उनको न माने। तथा प्रधान पुरुषों के साथ बन्दी बनाये गए इस राजा को उत्तम वस्तुएँ प्रदान कर उचित सत्कार करे।

क्योंकि संसार में किसी दूसरे की वस्तु ग्रहण करना अप्रीति और देना प्रीति का कारण है। और समय पर उचित क्रिया करना उस पराजित के मनोवांछित पदार्थ का देना बहुत उत्तम है।

यह सम्पूर्ण कर्म मनुष्य के प्रयत्न और दैव के अधीन है। परन्तु उन दोनों में दैव तो आचिन्त्य है, उस विषय में सोचना व्यर्थ है, इसलिए जो कार्य मनुष्य के अधीन है उस विषय में भली प्रकार विचार कर कार्य करना चाहिए।

विजित राजा को बन्दी न बनाकर उसके स्थान पर दूसरा राजा न बैठाकर यदि उसी को राजा रखना हो तो अथवा उसी राजा के साथ मेल करके, बड़ी सावधानीपूर्वक उससे सन्धि करके मित्रता, सोना अथवा भूमि की प्राप्ति होना, इस तीन प्रकार के फलों को देखकर, अर्थात, उनको प्राप्त करके फिर वापस लोटे।

अपने राज्य में 'पार्ष्णिग्राह' और 'आक्रान्द' राजा का ध्यान रखकर मित्र अथवा पराजित शत्रु से युद्ध-यात्रा का फल प्राप्त करे। (जो दूसरे राजा पर विजय प्राप्त कर उसका राज हड़प ले उसको 'पार्ष्णिग्राह' और जो उसको ऐसा करने से रोके उसको 'आक्रान्द' कहते हैं।)

राजा सुवर्ण और भूमि को पाकर वैसा नहीं बढ़ता कि जैसे निश्चल प्रेमयुक्त भविष्य की बातों को सोचने और कार्य-सिद्ध करनेवाले समर्थ मित्र को भी प्राप्त होकर बढ़ता है।

धर्म को जाननेवाले और किए हुए उपकार को माननेवाले, प्रसन्न स्वभाव, अनुरागी, स्थिरारम्मी अर्थात् स्थिरतापूर्वक कार्य करनेवाले छोटे मित्र को प्राप्त करके प्रशंसित होता है।

जो शत्रु बुद्धिमान, कुलीन, शूरवीर, चतुर, दाता, किया हुआ उपकार मानने वाला, और धैर्यवान है वह बड़ा ही कष्टकर होता है, ऐसा बुद्धिमान लोग कहते हैं।

आर्यता अर्थात् सभ्यता, मनुष्यों की पहचान, शूरवीरता, और करुणा तथा ऊपर-ऊपर की बातों पर लक्ष्य रखना यदि पाया जाये तो इसे उदासीन के उदय का लक्षण मानना चाहिए।

राजा को चाहिए कि अपनी अथवा अपने राज्य की रक्षा के लिए कल्याण करनेवाली, सम्पूर्ण धान्यों को देनेवाली, नित्य पशुओं की वृद्धि करनेवाली ऐसी भूमि को भी बिना विचार किए छोड़ दे। अर्थात् विजयी राजा को यह भूमि देनी पड़ जाये तो उसमें कष्ट अनुभव न करे।

आपत्तिकाल में अपनी रक्षा के लिए धन की रक्षा करे, और धनों की अपेक्षा स्त्रियों की अर्थात् परिवार की रक्षा करे, स्त्रियों और धनों से भी बढ़कर निरन्तर अपनी रक्षा करना आवश्यक है। क्योंकि यदि उसकी रक्षा नहीं हो सकेगी तो वह न परिवार की रक्षा कर सकेगा न धन-धान्य की और न राज्य की।

यदि सब प्रकार की आपत्तियाँ तीव्र रूप में और एक साथ आ उपस्थित हुई हों तो उन्हें देखकर बुद्धिमान पुरुष को चाहिए कि उन सबको एक उपाय से अथवा अलग-अलग उपाय से जैसा भी उचित समझे उन उपायों को प्रयोग में लाकर उनका निराकरण करे।

उपाय करनेवाले और उपाय के योग्य साध्य और उपाय इन तीनों का ठीक-ठीक ज्ञान करके विचार कर अपनी क्षमता देखकर राजा अपने उद्देश्य की सिद्धि के लिए प्रयत्न करे।

इस प्रकार सारी बातें अपने मंत्रियों से विचार, कर, स्नान तथा व्यायाम आदि करके राजा को चाहिए कि मध्य काल में भोजन के लिए अन्त:पुर में जाये। अभिप्राय

यह कि सब प्रकार की स्थितियों पर विचार-विमर्श करने के उपरान्त ही राजा विश्राम ले।

अन्त:पुर में भी भोजनकाल के भेद जाननेवाले, टूटकर शत्रु-पक्ष में न मिल जाने योग्य अपने सेवकों द्वारा सिद्ध कराया हुआ परीक्षित तथा विष के प्रभाव को दूर करनेवाले मन्त्रों से शुद्ध हुए अन्न का भोजन करे।

राजा के सब भोज्य द्रव्यों में विष का नाश करनेवाली दवा डाले और विष को दूर करनेवाले रत्नों को राजा सदा धारण करे।

परीक्षा की हुई वेष-भूषा, और, आभूषणों से अलंकृत, एकाग्रचित्त स्त्रियां, पंखा, पानी, धूप गन्ध से राजा की सेवा करें। इसी प्रकार का परीक्षण वाहन, शय्या, आसन, भोजन, स्नान अनुलेपन और सब अलंकारों के लिए भी करना चाहिए। अभिप्राय यह कि राजा पर किसी प्रकार कोई आन्तरिक दुष्प्रभाव करने का यत्न न होने पावे।

भोजन करके इसी अन्त:पुर में स्त्रियों के साथ कुछ देर टहले अथवा विश्राम करे और फिर यथा-समय राज-सम्बन्धी कार्यों में अपना चित्त लगावे।

उसके बाद फिर अलंकृत और कवच तथा शस्त्रास्त्रों से सज्जित होकर राजचिह्नों को धारण कर, शस्त्रधारी जनों और वाहनों, सब प्रकार के अस्त्रों-शस्त्रों आदि के रख रखाव का निरीक्षण करने जाये।

तदनन्तर सन्ध्योपासना करके निवास गृह के एकान्त स्थान में, शस्त्र धारण किए हुए, गुप्त समाचार कहनेवाले दूतों और प्रतिनिधियों के समाचार और कामों को सुने। उनको यथानुरूप कार्य सौंप कर उन्हें अवकाश दे। स्वयं अन्त:पुर की स्त्रियों के साथ रात्रि भोजन के लिए अन्त:पुर में प्रविष्ट हो।

भोजनोपरान्त थोड़ा मनोरंजन कर, अर्थात् संगीत और नृत्य का आनन्द ले, फिर उचित काल में शयन करे। फिर विश्रान्त होकर एक प्रहर रात्रि रहते हुए शय्या का त्याग कर दे।

रोग रहित राजा यह सब इस प्रकार से करे। यदि राजा अस्वस्थ हो तो जो भृत्य जिस योग्य है उससे राज-कार्य में सहायता ले। इस प्रकार अपने राज्य का सुचारु संचालन करे।

अष्टम् अध्याय
राजधर्मान्तर्गत व्यवहार निर्णय

व्यवहारों का निर्णय करने का इच्छुक राजा विद्वानों, परामर्शदाताओं और मन्त्रियों के साथ विनीत भाव से राजसभा अथवा न्यायालय में प्रविष्ट हो। (व्यवहार से अभिप्राय वाद-विवादों से है।)

देशाचार और शास्त्र व्यवहार के हेतुओं से इन विवादों को अठारह मार्गों में बांधे और इन विवादयुक्त कर्मों का निर्णय प्रतिदिन अलग-अलग किया करे।

ये अठारह मार्ग हैं-

ऋण लेने-देने का विवाद, धरोहर का विवाद, दूसरे के पदार्थ को बेचना, साझे का व्यापार, दान किए हुए पदार्थ को फिर न देना, वेतन न देना अथवा कम देना, प्रतिज्ञा के विरुद्ध कार्य करना, क्रय-विक्रय में झगड़ा करना, पशुस्वामी और पशुपाल का विवाद, सीमा का झगड़ा, कड़वी बात कहना, कठोर दण्ड देना, चोरी करना, बलात्कार करना, स्त्री और पुरुष धर्म का व्यभिचार, स्त्री और पुरुष के धर्म में व्यतिक्रम होना, दाय भाग में विवाद खड़ा करना, जुआ और पशुओं की लड़ाई में हार-जीत का दाँव लगाना। ये अठारह प्रकार के परस्पर विरुद्ध व्यवहार के स्थान हैं।

इन व्यवहारों में बहुत-सा विवाद करने वाले पुरुषों के न्याय को सनातन धर्म का आश्रय ग्रहण कर कार्य-निर्णय करे।

जिस स्थान पर वेदों के ज्ञाता तीन विद्वान राजद्वार पर होते हैं, एक उस विषय का राजा द्वारा नियुक्त विद्वान रहता है, उस सभा को 'ब्रह्म-सभा' कहते हैं।

जिस सभा में अधर्म से धर्म को पीड़ित किया जाता है और जो उसका काटा नहीं निकालते अर्थात् धर्माधर्म का निर्णय नहीं करते, तो समझना चाहिए कि वे जितने भी सभासद हैं वे घायल के समान ही हैं।

धार्मिक स्वभाव के मनुष्य को चाहिए कि वह सभा में कभी प्रविष्ट न हो। और यदि जाना ही पड़ जाये तो वहाँ पर जाकर सत्य ही बोले। जो अन्याय होता देखकर मौन रहता है अथवा सत्य न्याय के विरुद्ध बोलता है वह महापापी होता है।

जिस सभा में सभासदों के रहते हुए अधर्म से धर्म और असत्य से सत्य मारा जाता है तो समझो कि वे सब सभासद मृत के समान ही हैं। वे पाप से नष्ट हो जाते हैं।

मरा हुआ धर्म मारनेवालों का नाश और रक्षित धर्म रक्षा करनेवाले की रक्षा करता है। इसलिए कभी भी धर्म का हनन नहीं करना चाहिए। जिससे कि मारा हुआ धर्म हमारा नाश न करे।

जो सब सुखों के देनेवाले धर्म का लोप करता है विद्वान लोग उसे 'वृषल' अर्थात् नीच-शूद्र कहते हैं। इसलिए उचित यही है कि कोई धर्म का लोप न करे।

इस संसार में एक धर्म ही सुहृद है, मित्र है। जो मृत्यु के बाद अक्षुष्ण रहता है और सब पदार्थ अथवा संगी-साथी शरीर के नाश के साथ ही नाश को प्राप्त हो जाते है। उनका साथ छूट जाता है।

यदि राजसभा में किसी के साथ पक्षपात किया गया हो अर्थात् अधर्म किया गया हो तो अधम-कर्ता को उसका चौथा भाग, झूठा साक्ष्य देने वाले को उसका अगला चौथा भाग और अन्यान्य सभासदों को अगला चौथा भाग तथा शेष भाग राजा को प्राप्त होता है। इस प्रकार वे सभी पाप के भागी बनते हैं।

जिस सभा में निन्दा के योग्य की निन्दा तथा स्तुति के योग्य की स्तुति, दण्ड के योग्य को दण्ड और मान के योग्य को मान प्राप्त होता है, वहां राजा और सब सभासद इस पाप से रहित हो जाते हैं। वह पाप केवल पापकर्ता को ही लगता है।

न्यायकर्ता को बाहर के चिह्नों से जैसे स्वर-बोलते समय रुकना, घबराना आदि, वर्ण-चेहरे का रंग फीका पड़ना, इंगित-अभियुक्तों के परस्पर संकेत आदि, आकार-मुख, नेत्र आदि मटकाना, आंखों से उत्पन्न होनेवाले भावों से और अभियक्त की चेष्टाओं, अभियोग में सम्मिलित लोगों के मन के वास्तविक भावों को भाँपना चाहिए।

आकारों से, संकेतों, चाल से, हरकत से, बोलने तथा नेत्र और मुख के विकारों से मनुष्य के मन का भीतरी भाव मालूम हो जाता है।

बालक के दायभाग के द्रव्य की राजा तब तक रक्षा करे जब तक वह बालक समापवर्तन संस्कार होकर उसका बचपना समाप्त हो जाये, अर्थात् जब तक वह वयस्क न हो जाय।

बाँझ और पुत्रहीन, कुलहीन, पतिव्रता स्त्री, विधवा और रोगिणी स्त्रियों को सम्पत्ति की रक्षा भी इसी प्रकार अर्थात् उनके समर्थ हो जाने तक करनी चाहिए।

उन जीती हई स्त्रियो के धन को यदि उनके रिश्तेदार और भाई-बन्ध हर लें तो धार्मिक राजा को चाहिए कि उन व्यक्तियों को चोर के समान दण्ड दे। जो लावारिस पड़ा हुआ धन है उसको राजा तीन वर्ष तक सुरक्षित रखे। तीन वर्ष बीतने से पहले यदि उस धन का स्वामी आ जाये तो वह उसको दे दें। यदि इस अवधि तक न आवे तो उसे राजा अपने कोष में डाल दे।

जो कोई उस लावारिस धन को अपना बताए, उससे उचित विधि से प्रश्न करे अर्थात् उसकी संख्या, मात्रा आदि पूछे, धन का स्वरूप पूछे और जो ठीक-ठीक उत्तर दे दे उसको उस धन का स्वामी जानकर उसको लौटा दे।

जो व्यक्ति नष्ट हुए या खोये हुए धन का स्थान, समय, रंग, स्वरूप, मात्रा, सही-सही नहीं बतलाता, वह उस धन के बराबर दण्ड का भागी होता है, राजा को चाहिए कि उसको उतना ही दण्ड दे।

नष्ट या खोए हुए धन के प्राप्त होने पर उसमें से राजा सज्जनों के धर्म का अनुसरण करता हुआ, धन के स्वामी की अवस्था को ध्यान में रखकर, उसका छठा दसवां अथवा बारहवां भाग कर के रुप में ग्रहण करे।

चुरा लेने के बाद प्राप्त किए धन को राजा योग्य रक्षकों के पहरे में सुरक्षित करे और यदि उस पहरे में से भी चोरी करते हुए जो चोर पकड़े जायें उन्हें राजा हाथी से कुचलवाकर मरवा दे।

चोरी से प्राप्त उस धन को जो मनुष्य 'यह मेरा है' ऐसा कहता है और वास्तव में उसका प्रमाण प्रस्तुत कर देता है तो राजा को चाहिए कि उस धन का छठा अथवा बारहवां भाग लेकर शेष उस व्यक्ति को लौटा दे।

किन्तु यदि कोई उस धन पर झूठा अधिकार जतावे तो ऐसे अपराधी से उस धन का आठवाँ भाग दण्ड के रुप में ले अथवा हिसाब लगाकर जो भी उचित समझे उस प्रकार उसको दण्डित करे।

अपने-अपने कर्तव्यों को करते हुए अपने-अपने कर्तव्य कर्मों में स्थित रहते हुए मनुष्य दूर रहते हुए भी लोकप्रिय हो जाते हैं।

राजा अथवा कोई राज पुरुष स्वयं किसी विवाद में न पड़े और किसी वादी अथवा प्रतिवादी द्वारा प्रस्तुत विवाद के वास्तविक न्याय को किसी स्वार्थ के वशीभूत न दबाये, उसका सही न्याय करे।

जिस प्रकार शिकारी खून के धब्बों को खोजता हुआ हिरण के स्थान को पहुंच जाता है वैसे ही राजा अथवा न्यायकर्ता अनुमान, प्रमाण से धर्म के तत्त्व का अर्थात् वास्तविक न्याय का निर्णय करे।

विवादों को निपटाने के लिए उक्त राजा उस विवाद की सत्यता और उसके उद्देश्य अपनी आत्मा के निर्णय को और साक्षियों को तथा देश, स्वरूप एवं समय को अच्छी प्रकार देखकर विचार करे।

कर्जदार से अपना धन वसूल करने के लिए कर्ज देने वाले की ओर से प्रार्थना करने पर राजा महाजन का निश्चित किया हुआ धन, कर्जदार से दिलवाए।

जो कोई कर्जदार कर्ज लेकर कर्ज देने से इनकार करे और लेख, साक्षी आदि विभिन्न साधनों से उसका कर्ज लेना निश्चित हो जाये तो राजा को चाहिए कि वह कर्जदाता का धन भी दिलवाए और यथाशक्ति उस इनकार करने वाले कर्जदार पर कुछ दण्ड भी निर्धारित करे।

न्यायालय में न्यायाधीश द्वारा 'कर्जदाता का धन दे दो' ऐसा कहने पर यदि कर्जदार कर्ज लेना अस्वीकार करे तो अभियोक्ता को चाहिए कि वह साक्षी प्रस्तुत करे और अन्य प्रमाण भी प्रस्तुत करे।

जो ऋणदाता झूठे साक्षी और झूठे प्रमाण प्रस्तुत करे, जो किसी बात को प्रस्तुत कर बाद में उसे अस्वीकार करे, जो कही हुई अगली-पिछली बातों को ध्यान में न रखे, उन बातों में परस्पर ताल-मेल न हो, जो अपने तर्कों को प्रस्तुत करके फिर उनको बदल दे, जो प्रतिज्ञापूर्वक कहीं हुई बात को पुनः पूछने पर स्वीकार न करे, जो एकान्त स्थान में जाकर साक्षियों के साथ घुलमिलकर बातें करे, जाँच के लिए पूछे गए प्रश्नों को जो पसन्द न करे, जो इधर-उधर टालता फिरे, जो 'कहो' कहने पर भी कुछ न कहे, जो कहीं हुई अपनी बात को प्रमाणित न कर पाए और जो पूर्वोत्तर बात को न समझे वह उस प्रार्थना किये गए धन से वंचित रह जाता है, अर्थात् वह अपनी बाजी हार जाता है।

'मेरे साक्षी है' ऐसा कहकर फिर 'साक्षी लाओ' ऐसा कहने पर जो साक्षियों को प्रस्तुत न कर सके, इन कारणों पर भी न्यायाधीश को चाहिए कि वह उसके अभियोग को पराजित घोषित कर दे।

अभियोक्ता पहले अभियोग लगाकर बाद में उसकी पुष्टि के लिए कुछ न बोले, उसे धर्मानसार कारावास या दण्ड दिया जाना चाहिए। इसी प्रकार तीन पखवाड़े तक

अभियोगी अपनी अपनी सफाई में कुछ न बोले तो धर्मानुसार वह हार गया समझा जाता है।

जो कर्जदार जितने धन को छिपाए अथवा जो कर्ज देनेवाला जितना झूठ बोले राजा उन दोनों झूठ बोलनेवालों को जितना झूठा दावा किया है उनसे द्विगुण धन का दण्ड उसे दे।

धन देनेवालों को अभियोग में जैसे साक्षी बनाने चाहिए उनको और उन साक्षियों को जैसे सत्य बात कहनी चाहिए आगे अब उसे कहूंगा-

सब वर्गों में धार्मिक, विद्वान, निष्कपटी, सब प्रकार के धर्म को जानने वाले, लोभ रहित, सत्यवादी को न्याय-व्यवस्था में साक्षी करे। जो इसके विपरीत जन हो उनको नहीं।

ऋण आदि के लेने-देने से सम्बन्ध रखनेवाले साक्षी नहीं हो सकते। न मित्र, न सहायक नौकर, आदि, न अभियोगी के शत्रु आदि, पहले जिसकी साक्षी झूठी सिद्ध हो चुकी हो वे भी नहीं, न रोगग्रस्त, और न अपराधी साक्षी हो सकते हैं।

स्त्रियों की साक्षी स्त्री, द्विजों के द्विज, शूद्रों के शूद्र अन्त्यजों के अन्त्यज साक्षी हों।

घर के भीतर एकान्त में हुई घटना में अथवा जंगल में एकान्त में हुई घटना में और रक्तपात से शरीर के घायल हो जाने की अवस्था में जो कोई अनुभव करनेवाला या देखनेवाला हो वही विवाद करनेवालों का साक्षी हो सकता है, चाहे वह कोई भी हो।

जितने बलात्कार के कृत्य, चोरी, व्यभिचार, कठोरवचन, ऐसे दण्डनीय अपराध हैं उनमें साक्षी की परीक्षा न करे।

राजा दोनों के साक्षियों में से बहु पक्षानुसार तुल्य साक्षियों में उत्तम गुणी पुरुष की साक्षी के अनुकूल और दोनों के साक्षी उत्तमगुणी हों तो द्विजोत्तम की साक्षी के अनुसार न्याय करे।

दो प्रकार से साक्षी होना सिद्ध होता है-साक्षात् देखने से और सुनने से। जब सभा में पूछा जाये तब जो साक्षी सत्य बोले वे धर्महीन और दण्ड के योग्य न हों और जो साक्षी मिथ्या बोले वे यथायोग्य दण्डनीय हों।

जो उत्तम पुरुषों की सभा में साक्षी देखने और सुनने से विरुद्ध बोले तो वह जिह्वा के छेदन से दुःख रूप नरक को वर्तमान समय में प्राप्त होये। मरणोपरान्त सुखहीन हो जाये।

साक्षी के रूप में न बुलाये जाने पर भी जहां कुछ भी देखा या सुना हो, न्यायाधीश के पूछने पर वहां जैसा देखा या सुना है वैसा कहे। अर्थात् न्याय के लिए स्वयं ही साक्षी के रूप में पहुंच जाये।

साक्षी के उस वचन को मानना चाहिए जो स्वभाव से ही अभियोग-सम्बन्धी वचन हो, किन्तु जो सिखाए हुए अभियोग से भिन्न वचन हो सही न्याय के लिए व्यर्थ समझा जाये।

जब वादी और प्रतिवादी के सामने सभा के सम्मुख विद्यमान साक्षियों को शान्तिपूर्वक न्यायाधीश और प्राड् विवाक अर्थात् अधिवक्ता इस प्रकार से पूछे-

इस कार्य में इन दोनों के परस्पर कर्मों में जो तुम जानते हो वह सब सच-सच बताओ, क्योंकि आपकी इन कार्यों में साक्षी अपेक्षित है?

जो साक्षी साक्ष्य कार्य में सत्य बोलता है वह अगले जन्म में उत्तम जन्म और उत्तम लोकान्तरों में सुख भोगता है, वह इस जन्म व पर-जन्म में उत्तम कीर्ति को प्राप्त होता है क्योंकि जो यह वाणी है वही वेदों में सकार और तिरस्कार का कारण बताई गई है।

सत्य बोलने से साक्षी पवित्र होता है और सत्य ही बोलने से धर्म बढ़ता है, इससे सब वर्गों में साक्षियों को सत्य ही बोलना चाहिए।

आत्मा का साक्षी आत्मा और आत्मा की गति आत्मा है। सब मनुष्यों का उत्तम साक्षी अपनी आत्मा का अपमान मत कर।

कल्याण की इच्छा करनेवाले पुरुष जो तू 'मैं अकेला हूं' ऐसा अपने आत्मा में जानकर मिथ्या बोलता है वह ठीक नहीं है, किन्तु जो दूसरा तेरे हृदय में है अन्तर्यामी रूप से पुण्य और पाप का देखनेवाला मुनि स्थिति है, उससे डर कर सदा सत्य बोला कर।

जिस बोलते हुए पुरुष का विद्वान् आत्मा भीतर शंका को प्राप्त नहीं होता जगत में उससे भिन्न विद्वान लोग किसी अन्य को उत्तम पुरुष नहीं जानते।

जिस अभियोग में यह विदित हो जाय कि झूठी साक्षी हुई है, उस निर्णय को रद्द करके पुन: विचार करे, क्योंकि वह किया हुआ काम भी न किये के समान है।

जो लोभ, मोह, भय, मित्रता, काम, क्रोध, अज्ञान और बालकपन से साक्षी देता रहा है, वह सब मिथ्या ही समझनी चाहिए।

इन लोभ आदि कारणों में से किसी एक कारण के होने पर जो कोई झूठी साक्षी देता है, उसके लिए दण्ड विशेषों को अब क्रमश: कहूंगा-

जो लोभवश झूठी गवाही दे उसको 'एक हजार पण' का, मोह से देने वाले को 'प्रथम साहस', भय से देने वाले को 'दो मध्यम साहस' और मित्रता के लिए झूठी गवाही देने वाले को 'प्रथम साहस का चार गुणा' दण्ड देना चाहिए। (साहस के विषय में आगे बताया जायेगा।)

काम से झूठी गवाही देने पर 'दस गुणा प्रथम साहस', क्रोध से देने पर 'तिगुना मध्यम साहस', अज्ञान से देने पर दो सौ पण और बालकपन में देने से सौ पण दण्ड देना चाहिए।

धर्म का लोप न होने देने के लिए और अधर्म को रोकने के लिए झूठी या गलत गवाही देने पर विद्वानों द्वारा विहित ये दण्ड कहे गए हैं।

अपराधी का इरादा या बार-बार किये गए अपराध को और सही रूप में देख और काल को जानकर तथा अपराधी की शारीरिक एवं आर्थिक शक्ति और अपराधी का स्तर देख-विचारकर दण्डनीय लोगों को दण्ड दे।

क्योंकि इस संसार में जो अधर्म से दण्ड दिया जाता है वह यश और कीर्ति का नाश करने वाला है और पर जन्म में भी वह दुःखकारक ही होता है। इस लिए अधर्मयुक्त दण्ड देने से बचे।

प्रथम वाणी का दण्ड अर्थात् उसकी निन्दा, दूसरा 'धिक्' दण्ड अर्थात् तुझको धिक्कार है, तुमने ऐसा बुरा काम क्यों किया, तीसरा उससे धन लेना और यदि इस दण्ड से भी न सुधरे तो उसको कोड़े अथवा बेंत से मारना या सिर काट देना।

इन अपराधियों को जब शारीरिक दण्ड से भी नियन्त्रित न कर सके तो इन पर उपर्युक्त सभी दण्डों को एक साथ तीव्र रूप में लागू करे।

अब मैं ताँबा, रुपया, सुवर्ण आदि की जो 'पण' आदि संज्ञायें लोक व्यवहार के लिए जगत में प्रसिद्ध हैं, इन सबको पूर्णरूप से कहता हूं।

सूर्य की किरणों के घर की खिड़कियों से प्रवेश करने पर उस प्रकाश में जो बहुत ही छोटा रजकण दिखाई देता है वह मापकों में पहला मापक है। उसे 'त्रसरेणु' कहते हैं।

माप के अनुसार आठ त्रसरेणु की एक 'लिक्षा' होता है और उन तीन लिक्षाओं का एक 'राज सर्षप' होता है, तीन राजसषपों का एक 'गौरसर्षप' होता है।

छः गौरसर्षपों का एक 'मध्य-यव' और तीन मध्ययवों का एक 'कृष्णाल', पाँच कृष्णालों का एक 'माष' और सोलह माषों का एक 'सुवर्ण' होता है।

चार सुवर्णों का एक 'पल' होता है, दश पलों का एक 'धरण' होता है, दो कृष्णालों के बराबर का माप एक 'रौप्य माषक' होता है।

उन सोलह रौप्य माषकों का एक 'रौप्य धरण' होता है और एक 'चांदी का पुराण' होता है, तांबे का कर्ष भर का पण 'कार्षापण' समझना चाहिए।

दश धरणों का एक 'रौप्य शतमान' होता है और प्रमाणानुसार चार सुवर्ण 'निष्क' कहलाता है।

ढाई सौ पण का एक प्रथम साहस' माना गया है, पाँच सौ पण का 'मध्यम साहस' और एक हजार पण का 'उत्तम साहस' होता है।

अर्थशास्त्र के विद्वान् द्वारा विहित धन को बढ़ानेवाली वृद्धि अर्थात् ब्याज को ले। किन्तु ब्याज लेनेवाला मनुष्य सौ पर अस्सीवां भाग अर्थात् सवा रुपया सैकड़ा ब्याज मासिक ग्रहण करे, इससे अधिक ब्याज न ले।

साथ-के-साथ लाभ पहुँचानेवाली बंधक रखी धरोहर पर ब्याज की वृद्धि बिलकुल न ले। बहुत समय बीत जाने पर भी उस धरोहर को न रखनेवाले के अधिकार से छुड़ाया जा सकता है, न दूसरे को बेचा जा सकता है।

गिरवी रखनेवाला व्यक्ति बलात् किसी की धरोहर को उपयोग में न लाये। यदि कोई उस वस्तु को उपयोग में लाता है तो ब्याज को छोड़ दे अथवा धरोहर रखनेवाले व्यक्ति को उसका मूल्य लेकर सन्तुष्ट करे। ऐसा न करने पर धरोहर का चोर कहलायेगा।

धरोहर और मुहरबन्द दी हुई अमानत ये दोनों समय की सीमा के योग्य नहीं है। अर्थात् इन पर समय की सीमा लागू नहीं होती। ये लम्बे समय तक रहने के बाद भी लौटाने योग्य होती है।

परस्पर प्रेम पूर्वक उपयोग में लाई जाती हुई वस्तुयें, गौ, बोझ या सवारी आदि ढोने के लिए ऊंट, घोड़ा और जो हल आदि में जाता है-बैल आदि उपयोग में लाया जाता है, वह कभी भी अपने पूर्व स्वामित्व से नष्ट नहीं होते। अर्थात वे प्रयोग करनेवाले के नहीं होते।

एक बार लिए ऋण पर ब्याज की वृद्धि मूल धन से दुगने से अधिक नहीं होनी चाहिए।

एक वर्ष से अधिक समय का ब्याज एक बार में न ले और किसी कारण से एक बार छोड़े ब्याज को फिर न मांगे। मासिक ब्याज पर लगाया हुआ ब्याज मासिक,

त्रैमासिक या ब्याज की किश्त देने के लिए निश्चित किये गए काल पर ब्याज लेकर अगले काल पर ब्याज की दर को बढ़ा देना कर्जदार की विवशता, ब्याज के रुप में शरीर से बेगार करवाना अनुचित है।

जो कर्जदार निर्धारित समय पर ऋण न लौटा सकता हो और उस ऋण को आगे भी जारी रखना चाहता हो, तो वह उस समय तक के ब्याज को देकर 'लेन-देन का कागज' नया लिख दे।

यदि कर्जदार ब्याज न दे सके तो ब्याज को मूल धन में जोड़कर सारे-के-सारे को मूलधन मानकर नया कागज लिख दे। उस पर फिर जितना ब्याज बनेगा उतना उसे देना होगा।

उपर्युक्त प्रकार से वार्षिक ब्याज को मूल धन में जोड़कर चक्रवृद्धि ब्याज लेनेवाला व्यक्ति देश और काल-व्यवस्था में बंध कर ब्याज ले। देश काल की व्यवस्था को भंग करने पर ब्याज लेनेवाला उस ब्याज को लेने का अधिकारी नहीं होता।

समुद्र पार देशों तक व्यापार करने में चतुर और देश काल के अनुसार अर्थशास्त्र के ज्ञाता विद्वान् जिस ब्याज या भाड़े का निश्चय करे वही ब्याज या भाड़ा लाभ-प्राप्ति के लिए ठीक है।

जो व्यक्ति जिस कर्जदार का महाजन के सामने या न्याय के सामने उपस्थित करने का जमानती बने उस कर्जदार को उपस्थित न कर सकने पर उसका लिया हुआ कर्ज जमानती अपने धन से दे।

जमानत के रूप में स्वीकार किया गया धन, व्यर्थ में देने के लिए कहा गया दान या व्यर्थ अथवा कुपात्र को दिया गया दान, जुआ-सम्बन्धी धन, शराब व्यय-सम्बन्धी धन तथा राजा की ओर से दण्ड के रूप में किया गया जुर्माने का धन और कर, चुंगी आदि का धन पुत्र को नहीं देना चाहिए।

कर्जदार को उपस्थिति करने का जमानती होने पर, जमानती के मर जाने पर राजा जमानत के धन को उसके उत्तराधिकारी आदि से भी दिलवा सकता है।

ऋण देने की जमानत नहीं अपितु केवल कर्जदार को ऋणदाता के सम्मुख उपस्थित करने की जिसने जमानत ली है, ऐसे जमानती के मर जाने पर ऋण दाता को किसी आधार पर उसके पुत्र आदि से ऋण प्राप्त करने का अधिकार नहीं है।

यदि ऋणी ने अपने जमानती को धन सौंप रखा हो और ऋणी ने जमानती से ऋणदाता को वह धन लौटा देने की आज्ञा न दी हो तो, वह जमानती अथवा मरने पर जमानती का पुत्र उसका धन अपने धन में से ही लौटा दे, ऐसी शास्त्र मर्यादा है।

नशे में ग्रस्त, पागल, शारीरिक रोगी, मानसिक रूप से दुःखी, अधीन रहने वाले नौकर आदि, अवयस्क, अथवा बहुत बूढ़े से और किसी असम्बद्ध व्यक्ति से किया गया लेनदेन मानने के योग्य नहीं होता।

कोई भी बात या पारस्परिक प्रतिज्ञा धर्मशास्त्र द्वारा निश्चित व्यवहार के विरुद्ध की गई है, चाहे वह लेख द्वारा प्रमाणित भी हो तो भी उसे प्रामाणिक नहीं माना जा सकता।

छल-कपट से रखी हुई धरोहर और बेची हुई वस्तु, छल-कपट से दी गई और ली गई वस्तु अथवा जिस किसी भी व्यवहार में छल-कपट दिखाई पड़े उस सबको अमान्य घोषित कर दे।

यदि किसी व्यक्ति ने परिवार के लिए ऋण लेकर खर्च किया हो और यदि लेनेवाला मर गया हो तो वह ऋण उसके पारिवारिक सम्बन्धियों को, चाहे वह अलग-अलग भी क्यों न हो गए हों अपने धन में से देना चाहिए।

कोई अधीनस्थ व्यक्ति भी यदि परिवार के भरण-पोषण के लिए स्वदेश या विदेश में लेन-देन के व्यवहार को कर लेवे, घर का बड़ा मुखिया आदमी उस व्यवहार को स्वीकार कर चुकता कर दे, टालमटोल न करे।

राजा परस्पर झगड़ते हुए मनुष्यों के साक्षी और लेख आदि प्रमाणों से प्रमाणित मुकद्दमों का निर्णय उपर्युक्त विधि से करे।

बुद्धिमान व्यक्ति को चाहिए कि वह कुलीन, अच्छे आचरणवाले, धर्मात्मा, सत्यवादी, बहुत परिवारवाले, श्रेष्ठ धनवान व्यक्ति के यहां अपनी वस्तु धरोहर के रूप में रखे।

जो धरोहर रखनेवाला व्यक्ति जिस धन को, जिस किसी के हाथ में, जिस प्रकार रखे वह धन वैसी स्थिति के अनुसार ही वापस लेना चाहिए। क्योंकि जैसा देना वैसा ही लेना ठीक होता है।

जो धरोहर रखनेवाला धरोहर रखनेवाले द्वारा धरोहर के माँगने पर नहीं लौटाता है, धरोहर रखानेवाले की अनुपस्थिति में या परोक्ष रूप से न्यायाधीश उससे धरोहर मांगे।

साक्षी के अभाव में दिया गया धन अथवा धरोहर ठीक आयुवाले और समयानुसार विविध रुप बनाने की कला से युक्त गुप्तचरों के द्वारा विभिन्न बहानों एवं तरीकों से जो नकली प्रतीत न हों, उस अभियोगी के यहाँ धरोहर आदि धन रखवाकर फिर माँगे।

वह धरोहर लेनेवाला यदि रखी हुई धरोहर को ज्यों-का-त्यों वापस न करे तो जो दूसरों के द्वारा उस पर अभियोग लगाया गया है, उसमें कुछ सच्चाई नहीं है, ऐसा समझना चाहिए। यदि उन गुप्तचरों द्वारा रखी हुई धरोहर का ज्यों-का-त्यों न लौटावे तो उसे गिरफ्तार करके दोनों की धरोहर वापस दिलवाने के साथ-साथ दण्डित भी करे- ऐसी धर्म की धारणा है।

धरोहर और मंगनी कभी भी देनेवाले के अतिरिक्त अन्य किसी को नहीं देनी चाहिए। ये देनेवाले के मर जाने पर नष्ट हो जाती हैं और जीवित रहते कभी नष्ट नहीं होती।

धरोहर देनेवाले के मर जाने पर जो व्यक्ति स्वयं ही धरोहर लौटा दे, उस व्यक्ति पर न तो 'राजा को और न धरोहर रखानेवाले के उत्तराधिकारी को किसी प्रकार का दावा नहीं करना चाहिए।

यदि उसके पास कुछ धन रह भी गया हो तो उसको छल से नहीं प्रेम पूर्वक ही लेने की इच्छा करे और उसके भलेपन को ध्यान में रखते हुए, मेल जोल से ही उस धन को लेने का यत्न करना चाहिए।

इन सब प्रकार के धरोहरों में विवादों का निर्णय, करने के लिए यह विधि कही गई है और मोहरबन्द धरोहरों में यदि रखनेवाला मोहर को तोड़ देता है किन्तु उसमें से लेता कुछ नहीं है तो भी वह किसी दोष का भागी नहीं होता।

रखे हुए धरोहर में से यदि रखनेवाला कुछ नहीं लेता है और वह धरोहर चोरी चली जाती है, जल में बह जाती है अथवा अग्नि, में भस्म हो जाती है तो धरोहर लेनेवाला धरोहर न लौटाये।

जो धरोहर को वापस नहीं लौटाता और जो बिना धरोहर रखे मांगता है वे दोनों ही व्यक्ति चोर के समान दण्ड के भागी हैं अथवा बताये गए धन के बराबर अर्थदण्ड के भागी हैं।

जो कोई व्यक्ति छल-कपट से दूसरे का धन हरण करे, राजा उसे उसके सहायकों सहित जनता के सामने विविध प्रकार की ताड़ना देकर उसको दण्डित करे।

साक्षियों के सामने जिसने जो वस्तु और जितना धरोहर के रुप में रखा है वह उतना ही समझना चाहिए, उसके विरुद्ध कहनेवाला भी दण्ड का भागी होता है।

जिस व्यक्ति ने बिना साक्षियों के परस्पर की सहमति से धरोहर या धन दिया है अथवा उसी प्रकार एकान्त में ग्रहण किया है उसे उसी प्रकार एकान्त में लौटा भी देना चाहिए। क्योंकि जैसा देना वैसा ही लेना भी होता है।

इस प्रकार धरोहर के रूप में रखे गये और प्रेम पूर्वक उपनिधि आदि के रूप में रखे गये धन का जिससे धरोहर रखनेवाले को किसी प्रकार की हानि न हो ऐसे राजा निर्णय करे।

जो मनुष्य किसी वस्तु का स्वामी नहीं होता हुआ भी उस वस्तु के स्वामी की अनुमति के बिना उस सम्पत्ति को बेच देता है, चोर होते हुए भी स्वयं को चोर न समझनेवाले उस चोर व्यक्ति की साक्षी प्रमाणिक न माने।

यदि इस प्रकार सम्पत्ति को बेचनेवाला उत्तराधिकारी ही हो तो राजा उस पर छः सौ पण दण्ड करे और यदि वह स्वामी के वंश का न हो, या उस पर बलात् अधिकार करनेवाला हो तो वह चोर के दण्ड को प्राप्त करने योग्य होता है।

वास्तविक स्वामी के बिना जो कुछ भी देना या बेचना किया जाए व्यवहार के नियम के अनुसार उस कार्य को न किया हुआ ही समझना चाहिए।

जहाँ किसी वस्तु का भोग किया जाता दिखाई दे किन्तु उसके आने का स्रोत न दिखाई पड़े, वहां वस्तु के आगमन का स्रोत प्रमाण मानना चाहिए। उपभोग करना उसके स्वामित्व का प्रमाण नहीं है, ऐसी शास्त्र व्यवस्था है।

जो व्यक्ति किसी वस्तु को बेचकर धन प्राप्त करना चाहे तो वह साक्षियों या लोगों के बीच में उस बेची जानेवाली वस्तु की खरीददारी को विशुद्ध प्रमाणित कर ही न्यायानुसार धन प्राप्त करने का अधिकारी होता है।

बिना स्वामी के जिस वस्तु को बेचा गया हो, उसको प्रत्यक्ष खरीदनेवाला शुद्ध पुरुष यदि बेचनेवाले को प्रस्तुत न भी कर सके तो भी राजा उसे दण्ड नहीं दे और जिसका वह धन है उसको लौटा दे।

एक वस्तु किसी दूसरी वस्तु के रूप से मिलती-जुलती है तो भी उसको पहली वस्तु के धोखे में बेचना उचित नहीं है और न सड़ी हुई, न तोल में कम और बिना दिखाये ढकी हुई वस्तु को बेचना प्रामाणिक है।

सब साझीदारों में जो मुख्य हैं वे कुल आय के आधे भाग को लें, दूसरे साझीदार उनसे आधा और तीसरे साझीदार उनका एक तिहाई भाग लें और चौथे भाग के भागीदार चौथाई हिस्सा लें।

इस संसार में मिल-जुलकर अपना काम करनेवाले मनुष्यों को इस विधि के अनुसार आपस के भाग का बँटवारा करना चाहिए।

जिसने किसी माँगनेवाले को धर्मकार्य के लिए धन दिया हो और बाद में मांगनेवाले ने जैसा कहा था वैसा नहीं किया हो तो उसको वह धन देने योग्य नहीं रहता।

वापस माँगने पर भी अभिमान वह लालच वश वह याचक यदि उस धन को वापस न करे तो राजा को चाहिए कि उसको चोर समझकर उस पर एक सुवर्ण का दण्ड निर्धारित करे।

ये दिए हुए दान को ज्यों-का-त्यों न लौटाने को क्रिया धर्म के अनुसार कही। इसके बाद अब वेतन न देने के विषय का वर्णन करूंगा।

जो सेवक रोग रहित होते हुए भी अहंकार के कारण यथा निर्धारित कार्य को न करे, राजा उस पर आठ कृष्णाल दण्ड करे और उसे उस समय का वेतन न दे।

यदि सेवक स्वस्थ रहता हुआ यथा निर्धारित कार्य ठीक-ठीक करता रहे तो वह बीमार होने पर भी उस लम्बे समय के वेतन को पाने का अधिकारी होता है।

वेतन देने का यह नियम सबके लिए समान है। इसके अनन्तर अब की हुई प्रतिज्ञा को तोड़नेवालों के विधान को कहूंगा।

जो मनुष्य, गाँव, देश या किसी समुदाय आदि से सत्यवचन पूर्वक प्रतिज्ञा, व्यवस्था अथवा करार करके लोभ के कारण उसको भंग कर देता है, राजा उसे राष्ट्र से बाहर निकाल दे।

इस प्रतिज्ञा को भंग करनेवाले को पकड़कर चार सुवर्ण, छः निष्क, चाँदी का शतमान दण्ड दे।

धार्मिक राजा गाँव, वर्ण और समुदाय-सम्बन्धी विषयों में प्रतिज्ञा या व्यवस्था को भंग करनेवालों पर उपयुक्त दण्ड का विधान लागू करे।

किसी वस्तु को खरीदकर अथवा बेचकर जिस व्यक्ति को मन में पश्चात्ताप अनुभव हो वह दस दिन के भीतर उस वस्तु को लौटा दे अथवा लौटा लें।

परन्तु दस दिन के बाद न तो वापस दे और न वापस ले। यदि कोई वापस ले या वापस दे तो राजा उस पर छः पण का जुर्माना करे।

जिस-जिस कार्य के करने पर जिस व्यक्ति को दिल में पश्चात्ताप अनुभव हो उस व्यक्ति को राजा उक्त विधान के अनुसार धर्मयुक्त मार्ग पर स्थापित करे।

अब पशुओं के विषय में पशु-स्वामी और पशुपालकों में मतभेद हो जाने पर जो झगड़ा खड़ा हो जाते है उस विवाद को धर्मत्व के अनुसार ठीक-ठीक कहूंगा।

जो चरवाहा स्वामी से वेतन न लेकर दूध लेता हो वह नौकर प्रथम दस गायों में जो श्रेष्ठ गाय हो उसका दूध गो-स्वामी से अनुमति लेकर दुह लिया करे।

यदि कोई पशु खो जाये, कीड़े पड़ने से मर जाये, कुत्ते खा जाएँ, पाँव ऊपर-नीचे पड़कर गिर जाए और मर जाये, चारवाहे की उपेक्षा के कारण पशु नष्ट हो जाए, इसके लिए वह चरवाहा ही उत्तरदायी है।

यदि पशु को चोर बलात् छीनकर ले जाएँ, और देश काल के अनुसार चरवाहा इसकी सूचना तुरन्त ही स्वामी को दे देता है तो चरवाहा उस पशु का देनदार नहीं होता।

पशुओं के स्वयं मर जाने पर वह चरवाहा उस पशु के दोनों कान, चमड़ा, पूंछ आदि के बाल, मूत्र-स्थान, नसें, चर्बी इन चिह्नों को दिखा दे और स्वामी को उसकी लाश सौंप दे।

बकरी और भेड़ भेड़ियों द्वारा घेर लिए जाने पर यदि चरवाहा उन्हें बचाने के लिए न आए, जिस बकरी या भेड़ को कोशिश करके जबरदस्ती भेड़िया मार जाये तो चरवाहे पर उसका दोष होगा।

चरवाहे ने यदि घेरकर भेड़ बकरियों को सम्हाल रखा है और उनके वन में झुण्ड बनाकर चरते समय यदि भेड़िया उछलकर किसी बकरी या भेड़ को मार दे तो उसके लिए चरवाहा उत्तरदायी नहीं होता।

गाँव के चारों ओर सौ धनुष (लगभग चार सौ हाथ तक) अथवा तीन बार छड़ी फेंकने से जितनी दूर जाए वहां तक, और नगर में इससे तिगुना भूखण्ड पशुओं के घूमने-फिरने के लिए होना चाहिए।

उस स्थान पर यदि बिना घेरा या बाड़ के अन्नों को पशु नष्ट कर दे तो राजा उस विषय में चरवाहों को दण्ड न दे।

उस पशु-स्थान पर इतनी ऊंची बाड़ या घेरा बनाया जाए कि जिससे ऊंट भी अपनी गर्दन डालकर धान्य को न खा सके, तथा उस बाड़ के बीच में कोई ऐसा स्थान न छोड़े जिससे कुत्ते अथवा सुअर अपना मुख भीतर करके धान्य को नष्ट कर दे।

बाड़ से युक्त पशुओं के रास्ते में खेतों या गांव या नगर के समीपवाले पशु-स्थानों में पशुओं द्वारा हानि पहुंचाने पर चरवाहा सौ पण दण्ड का भागी है। किन्तु यदि वे पशु बिना पालक के हों तो उनको वहां से भगा दे।

इसके अतिरिक्त यदि किन्हीं खेतों में पशु हानि कर दें तो सवा पण दण्ड होना चाहिए। और यदि नुकसान बहुत अधिक हो गया अथवा पूरा खेत ही नष्ट कर दिया गया हो तो उसका पूरा हर्जाना दिया जाना चाहिए। यही नियम है।

धार्मिक राजा पशुस्वामियों, पशुओं और चरवाहों आदि में कोई मतभेद उत्पन्न हो जाए तो ऊपर लिखे पशुधन के अनुसार उनका निर्णय करे।

दो गाँवों या दो समूहों का सीमा-सम्बन्धी विवाद उठने पर ज्येष्ठ के महीने में सीमा चिह्नों के स्पष्ट दीखने के बाद सीमा का निर्णय करे।

और राजा को चाहिए कि सीमा बतलाने के लिए वृक्षों को लगवाए। ये बड़, पीपल, पलास, सेमल, साल, ताल तथा दूधवाले अन्य वृक्ष।

झाड़ वाले पौधे, विविध प्रकार के बांस-वृक्ष, सेम की बेल तथा भूमि पर फैलनेवाली अन्य बेल, लताएं, सरकण्डे के झाड़ और मालती पौधे के झाड़ लगवा कर सीमा को सुनिश्चित कर दे।

तालाब, कुंए, बावड़ी, नाले तथा देवस्थान सीमा के मिलने के स्थान पर बनवाने चाहिए।

संसार में सीमा के विषय में मनुष्यों में सैदव मतभेद पाया जाता है। अत: इसके अतिरिक्त भी अन्य गुप्त सीमा चिह्नों को निर्धारित कर दे।

पत्थर, हड्डियां, गो आदि के बाल, चावलों के छिलके, राख, खोपड़ियां, सूखा गोबर, ईंटें, कोयला, पत्थर की रोड़ियां तथा बालू आदि इस प्रकार के अन्य जितने भी पदार्थ हैं, जिन्हें बहुत समय तक भूमि अपने रूप में न मिला सके उनको गुप्त रूप से सीमा स्थानों पर रखवा दे।

राजा सीमा के विषय में लड़नेवालों की इन चिह्नों से और पहले जो उसका उपभोग कर रहा हो इस आधार पर तथा निरन्तर जल प्रवाह के आगमन के आधार पर सीमा का निर्णय करे।

यदि सीमा चिह्नों के देखने पर भी संदेह रह जाए तो साक्षियों के प्रमाण से सीमा विषयक विवाद का निर्णय करे।

गाँवों के कुलीन पुरुषों और उन वादी-प्रतिवादियों के सामने सीमा स्थान पर साक्षियों से सीमा चिह्नों को पूछे।

पूछने और जांच-पड़ताल करने पर सीमा निर्धारण के सम्बन्ध में वे सब जो एक मत होकर कहें उसे स्वीकार कर ले और उसी प्रकार सीमा को निर्धारित कर दे और उन साक्षियों के नामों को लिख ले।

यदि सीमा विषय में साक्षियों का भी अभाव हो तो सीमावर्ती चार गाँव के प्रतिष्ठित व्यक्ति राजा के सम्मुख पक्षपात रहित भाव से सीमा का निर्णय करे।

खेत, कुआँ, तालाब, बगीचा और घर की सीमा के चिह्न का निर्णय उस गाँव के निवासियों की साक्षियों के आधार पर करना चाहिए।

विवाद करनेवाले मनुष्यों के सेतु निर्णय में सामन्त यदि झूठ बोलें तो राजा उनको अलग-अलग 'मध्यम साहस' का दण्ड दे।

यदि कोई भय दिखाकर घर, तालाब, बगीचा, अथवा खेत को ले ले तो राजा उस पर पांच सौ पणों का दण्ड करे और यदि अनजाने में अधिकार कर ले तो दो सौ पणों का दण्ड दे।

सीमा का कोई पर्याप्त प्रमाण न मिलने पर धर्म को जाननेवाला राजा स्वयं ही वादी और प्रतिवादी के हितों को ध्यान में रखते हुए सीमा का निर्धारण कर दे, यही शास्त्र-व्यवस्था है।

यह सीमा-निर्धारण के विषय में न्याय-विधान का वर्णन किया। अब इसके बाद कठोर और दुष्ट, वचन बोलने के निर्णय के विषय में आदि कहूंगा। विद्या, देश, जाति और शरीर तथा कर्म विषय में कोई मनुष्य किसी घमण्ड में आकर झूठी निन्दा अथवा गलत बात करे तो उसे दो सौ पण दण्ड देना चाहिए।

काने को अथवा लंगड़े को या किसी अन्य विकलांग को वास्तव में वैसा होते हुए भी किसी को काना, लंगड़ा आदि कहकर उसका दिल दुखाने के अपराध में एक कार्षापण दण्ड कहना चाहिए।

माता, पिता, पत्नी, भाई, बेटा, गुरु इनको दोष लगाकर निन्दा करने तथा गुरु को रास्ता न देने पर सौ पण दण्ड होना चाहिए।

यह कठोर वचन बोलने का दण्ड-विधान कहा गया है। अब इसके उपरान्त कठोर डंडा मारना अथवा डंडे से मार-पीट करने पर निर्णय को कहूंगा।

मनुष्य अथवा पशु को दु:ख देने के लिए दण्ड प्रहार करके जैसा-जैसा कष्ट दिया गया हो वैसा-वैसा दण्ड दिया जाना चाहिए।

किसी अंग के टूटने आदि पर और घाव करने तथा रक्त बहाने पर जब तक घायल पहले जैसी अवस्था में न हो जाए तब तक सम्पूर्ण औषधि आदि का व्यय मारनेवाले से दिलवाये और यदि उचित समझे तो उस पर पूर्ण दण्ड करे।

जो कोई किसी की जानकर अथवा अनजाने में वस्तुओं को नष्ट कर दे तो वह अपराधी उसके मालिक को वस्तु या धन आदि देकर उसे सन्तुष्ट करे तथा उसके बराबर दण्ड रूप में राजा को भी दे।

यह मार-पीट का निर्णय पूर्ण रूप से कहा अब इसके बाद चोर के दण्ड का निर्णय करने की विधि कहूंगा।

राजा को चाहिए कि चोरों को रोकने के लिए अधिक-से-अधिक प्रयत्न करे। क्योंकि चोरों पर नियन्त्रण होने से राजा के यश और राष्ट्र की वृद्धि होती है। जिस राजा के राज में प्रजा अभय रहती है वह सदैव पूजित होता है उसका राज्य सदा वृद्धि करता है।

न्यायपूर्वक प्रजा की रक्षा करता हुआ और दण्ड देने योग्य लोगों को दण्ड देता हुआ राजा बड़ा पुण्य कार्य करता है।

जो राजा प्रजा की रक्षा किए बिना उनसे कर लेता है वह नरक का भागी होता है।

चोर के कन्धे पर मूसल अथवा खैर का दण्ड, दोनों ओर से तेज धार वाली बरछी अथवा लोहे का दण्ड रखकर राजा के पास जाना चाहिए।

दण्ड भुगतने पर या राजा द्वारा क्षमा कर दिये जाने पर चोर-चोरी के अपराध से मुक्त हो जाता है। चोर को दण्ड न देने पर राजा उस पाप का भागी होता है।

भ्रूण-हत्या करनेवाले के घर जो भोजन करता है उसको भी उसका पाप लगता है। व्यभिचारी स्त्री की बुराई उसके पति को भी मिलती है। बुरे शिष्य की बुराई का भागी उसका गुरु भी होता है। यजमान की बुराई यज्ञ करानेवाले को मिलती है। इसी प्रकार दण्ड न देने पर चोर की बुराई राजा को मिलती है।

मनुष्य पाप करके राजा द्वारा दण्ड दिए जाने पर दोषमुक्त होकर फिर उसी प्रकार सुख को प्राप्त करते हैं जैसे कि सुकृती जन करते हैं।

जो व्यक्ति घड़ा या रस्सी चुराये, प्याऊ तोड़े, वह एक 'माष' दण्ड का भागी होता है।

दस घड़े से अधिक धान्य चुराने पर चोर को शारीरिक दण्ड मिलना चाहिए। दस कुम्भ तक चुराने पर उसको ग्यारह गुना दण्ड देना चाहिए तथा उस व्यक्ति को वह धन वापस दिलवाना चाहिए।

इसी प्रकार काँटे से तोले जानेवाले सोना चाँदी आदि पदार्थों के एक सौ पल से अधिक चुराने पर और उत्तम कोटि के कपड़े सौ से अधिक चुराने पर शारीरिक दण्ड दिया जाना चाहिए।

पचास से अधिक सौ तक चुराने पर हाथ काटने का दण्ड, पचास से कम चुराने पर मूल्य से ग्यारह गुना अधिक का दण्ड होना चाहिए।

कुलीन पुरुषों विशेषतया स्त्रियों का अपहरण करने पर तथा मुख्य हीरे आदि रत्नों की चोरी करने पर ताड़ना से वध तक का दण्ड होता है।

हाथी, घोड़ा आदि बड़े पशुओं के, शस्त्रास्त्रों के और औषधियों के चुराने पर कार्य, समय और चोरी की गम्भीरता के अनुसार दण्ड दिया जाना चाहिए।

वस्तु के स्वामी के सम्मुख ही बलात् जो चोरी की जाती है वह बलात्कार अथवा डाका कहलाता है और स्वामी की अनुपस्थिति में किसी वस्तु को लेकर भाग जाना चोरी कहलाता है।

चोर जिस प्रकार जिस अंग से मनुष्यों में विरुद्ध चेष्टा करता है उस-उस अंग को कटवा देना चाहिए जिससे कि अन्य मनुष्य शिक्षा ग्रहण कर सके।

पिता, आचार्य, मित्र, माता, स्त्री, पुत्र और पुरोहित जो स्वधर्म में स्थिति नहीं रहता वह राजा का दण्डनीय होता है।

जिस अपराध में साधारण मनुष्य पर एक पैसा दण्ड हो उसी अपराध में राजा को एक सहस्र पैसा दण्ड होता है। ऐसी शास्त्र-व्यवस्था है।

राजा को चाहिए कि बलात्कार करनेवालों को दण्ड देने में क्षणमात्र का भी बिलम्ब न करे। जो राजा उसे सहन करता है वह शीघ्र नाश को प्राप्त होता है।

दुष्ट पुरुषों को मारने में हन्ता को पाप नहीं होता। जो व्यक्ति पहले पर स्त्री-गमन-सम्बन्धी अपराधों में अपराधी सिद्ध हो चुका है, वह यदि किसी पराई स्त्री से एकान्त स्थान पर बात करता मिले तो उसको भी दण्ड देना चाहिए।

जो स्त्री व्यभिचारिणी है उसको कुत्तों से नुचावाना चाहिए। इसी प्रकार पर स्त्री गमन करनेवाले व्यभिचारी पुरुष को भी दण्ड दिया जाना चाहिए।

जिस राजा के राज में न चोर, न परस्त्रीगामी, न दुष्ट वचन बोलनेवाला, न डाकू, न दण्ड की अवहेलना करनेवाला और दण्ड से मारनेवाला होता है वह राजा अतीव श्रेष्ठ है।

जो चुंगी आदि के विषय में कुशल और हर प्रकार के लेने-देने में चतुर हो उन सौदागरों को उससे जो लाभ हो उसका बीसवां भाग कर के रूप में राज्य को लेने का अधिकार है।

जो अपने राज्य की निषिद्ध वस्तुओं की तस्करी करता है राजा उसका सर्वस्व हरण कर ले।

चुंगी की चोरी करनेवाला, गुप्त रूप से क्रय-विक्रय करनेवाला और माप-तौल में हेराफेरी करनेवाला इन सबको मूल्य के आठ गुने दण्ड से दण्डित करे।

राजा को चाहिए कि व्यापारियों से परामर्श करके पाँच-पाँच दिन अथवा पन्द्रह-पन्द्रह दिन के उपरान्त वस्तुओं के मूल्य का निर्धारण के करता रहे। तराजू और बाट आदि की परीक्षा प्रति छः मास में होनी चाहिए।

राजा को चाहिए कि वह वाणिज्य और कृषि आदि की रक्षा का भार वैश्यों पर और द्विजों की सेवा तथा रक्षा का भार शूद्रों पर छोड़े।

राजा को चाहिए सब काम ठीक प्रकार सम्पन्न होने तथा वाहन और आय-व्यय कोष का प्रतिदिन निरीक्षण करे। इस प्रकार ठीक-ठीक रीति से राज्य का संचालन करने वाला तथा प्रजा को सुख देनेवाला राजा सब पापों से मुक्त सुख को प्राप्त करता है।

नवम् अध्याय

पति-पत्नी के कर्तव्य एवं व्यवहार

अब धर्म मार्ग पर चलनेवाले स्त्री पुरुष के संयोग और वियोगकालीन धर्मों अर्थात् कर्तव्यों का वर्णन किया जाता है।

विवाह योग्य कन्या का विवाह न करनेवाला पिता और विवाह के उपरान्त ऋतु काल के अनन्तर संगम न करनेवाला पति निन्दनीय होता है। पति की मृत्यु के बाद माता की रक्षा न करनेवाला पुत्र निन्दनीय होता है।

स्त्रियों की विशेष रूप से रक्षा करनी होती है जिससे कि थोड़ा-सा भी कुसंग का अवसर न आए। क्योंकि अरक्षित स्त्रियाँ दोनों कुलों को शोक संतप्त कर देती हैं।

प्रयत्नपूर्वक अपनी पत्नी की रक्षा करता हुआ व्यक्ति ही अपनी संतान, आचरण, कुल और आत्मा तथा अपने धर्म की रक्षा करता है।

स्त्री जिस प्रकार के पति का सेवन करती है वैसी ही सन्तान को उत्पन्न करती है। इसलिए सन्तान शुद्धि की लिए पत्नी की प्रयत्नपूर्वक रक्षा करनी चाहिए।

अपनी पत्नी को धन की संभाल और उसके व्यय की जिम्मेदारी में, घर एवं घर के पदार्थों की शुद्धि में, धर्म-सम्बन्धी अनुष्ठान में, भोजन पकाने में और घर की देखभाल में लगाए।

मद्य, भांग आदि का पीना, दुष्ट पुरुषों का संग, पति वियोग, इधर-उधर भटकना और पराये घर में जाकर या रहना-ये छः दुर्गुण स्त्री को दूषित करनेवाले होते हैं।

सन्तानोत्पत्ति के लिए उत्तम, पूजा के योग्य, गृहाश्रम को प्रकाशित करने वाली घरों में स्त्रियां ही होती हैं, वे लक्ष्मी रूप हैं। लक्ष्मी, शोभा, धन और स्त्रियों में कुछ भेद नहीं है।

सन्तान की उत्पत्ति, उत्पन्न सन्तान का पालन, तथा लोक-व्यवहार का नित्य प्रतिपालन करनेवाली प्रत्यक्ष स्त्री ही होती है।

सन्तानोत्पत्ति, धर्म कार्य, उत्तम सेवा और रति तथा अपना और पितरों का जितना सुख है वह सब स्त्री के ही अधीन होता है।

'स्त्री के पति का ही पुत्र होता है' ऐसा माना जाता है। किन्तु पति के विषय में विवाद है। कुछ लोग पुत्र उत्पन्न करनेवाले को ही पुत्र का अधिकारी मानते हैं दूसरे लोग स्त्री के स्वामी को पुत्र का अधिकारी मानते हैं।

स्त्री को खेत के समान माना है और पुरुष को बीज के तुल्य माना है। खेत और बीज अर्थात् स्त्री और पुरुष के मिलने से सब प्राणियों की उत्पत्ति होती है।

उत्पत्ति में कहीं बीज की प्रधानता होती है और कहीं स्त्री योनि की प्रधानता होती है। किन्तु जहाँ दोनों की प्रधानता होती है वह सन्तान प्रशंसनीय होती है।

बुद्धिमान, विनम्र, ज्ञान-विज्ञान के दाता, दीर्घायु की कामना करनेवाले व्यक्ति को चाहिए कि वह बीज वह कभी भी पर-स्त्री में न बोये।

जो क्षेत्र रहित हैं और बीजवाले हैं तथा दूसरे के क्षेत्र में उस बीज को बोते हैं वे निश्चय ही कहीं भी उत्पन्न हुए फल को नहीं प्राप्त करते।

खेतवालों और बीज वालों में फल के लेने के विषय में बिना निश्चय हुए, बीज बोने पर निश्चय ही वह क्षेत्र स्वामी का होता है। ऐसी स्थिति में बीज से योनि बलवती होती है।

परन्तु यदि परस्पर मिलकर समझौता कर लेने पर जो खेत बीज बोने के लिए दिया जाता है इस लोक में उसके बीजवाला और खेतवाला दोनों ही फल के अधिकारी देखे गए हैं।

यह बीज और योनि की प्रधानता अथवा अप्रधानता के विषय में मैंने कहा है। इसके बाद अब मैं आपात्काल में स्त्रियों के धर्म के विषय में कहूंगा।

बड़े भाई की जो पत्नी होती है वह छोटे भाई के लिए गुरु-पत्नी के समान होती है। और छोटे भाई की पत्नी बड़े के लिए पुत्रवधू के समान कही गई है।

बड़ा भाई छोटे भाई की पत्नी के साथ और छोटा भाई बड़े भाई की पत्नी के साथ आपत्तिकाल के बिना नियोग करे तो दोनों पतित माने जाते हैं।

सन्तान का अभाव होने पर ठीक ढंग से नियोग के लिए नियुक्त स्त्री को देवर या अपने पति की छः पीढ़ियों में पति के छोटे या बड़े भाई से इच्छित सन्तान प्राप्त कर लेनी चाहिए।

विधि के अनुसार विधवा में नियोग कर उद्देश्य पूर्ण हो जाने पर फिर बड़े अथवा छोटे भाई की पत्नी से क्रमशः गुरुपत्नी अथवा पुत्रवधू के समान परस्पर व्यवहार करना चाहिए।

नियोग के नियुक्त जो नियोग की विधि को छोड़कर काम के वशीभूत होकर संभोग आदि करे तो वे दोनों पुत्रवधू गमन और गुरुपत्नी गमन के अपराधी और पतित माने-जाने जाएंगे।

कन्या का वाग्दान होने के बाद जिसका पति मर जाये उस कन्या को पति का छोटा भाई इस विधान से प्राप्त करे ले।

किसी आवश्यक कार्य से परदेश में जानेवाला मनुष्य अपनी पत्नी को भरण-पोषण की जीविका देकर परदेश जाये। क्योंकि जीविका के अभाव से पीड़ित होकर शुद्ध आचरणवाली स्त्री भी दूषित हो सकती है।

जीविका का प्रबन्ध करके पति के परदेश जाने पर स्त्री अपने नियमों का पालन करती हुई जीवन-यात्रा चलाये। यदि पति बिना जीविका का प्रबन्ध किए परदेश गया हो तो अनिन्दित शिल्प कार्यों को करके अपनी जीविका चलाए।

जो पति धर्म-कार्य से विदेश गया हो तो उसकी आठ वर्ष तक, विद्या और कीर्ति के लिए गया हो तो छः वर्ष तक, धन आदि की कामना से गया हों तो तीन वर्ष तक बाट देखने के लिए नियोग करे, सन्तानोत्पति कर ले।

बन्ध्या हो तो आठवें, सन्तान होकर मर जाये तो दशवें, निरन्तर कन्या ही उत्पन्न हो तो ग्यारहवें वर्ष तक और जो अप्रिय बोलनेवाली हो तो उस स्त्री को तुरन्त छोड़कर दूसरा विवाह कर ले।

अति उत्कृष्ट, सुन्दर रूप-गुण-वाला, उत्तम कर्म और स्वभाववाला, कन्या के गुणों के योग्य वर के लिए वह कन्या यदि माता की छः पीढ़ी के भीतर भी हो तो उसी को कन्या दे देनी चाहिए।

चाहे कन्या मरणपर्यन्त बिना विवाह के पिता के घर में बैठी रहे परंतु गुणहीन दुष्ट पुरुष के साथ कन्या का विवाह कभी न करे।

कन्या के ऋतुमती होने के उपरान्त तीन वर्ष पर्यन्त पति की खोज करके उसके तुल्य पति को प्राप्त कर उस कन्या का विवाह कर दे।

पिता आदि के द्वारा विवाह में न दी हुई कन्या यदि स्वयं पति का वरण कर ले तो वह कन्या किसी पाप की भागी नहीं होती और न उसे कोई पाप होता है और न उसको ही जिसके साथ उसका विवाह होता है।

स्त्रियों की उत्पत्ति संतान उत्पन्न करने के लिए हुई है और संतानार्थ पुरुष की रचना हुई है। इसलिए वेदों में इन दोनों को समानधर्म माना गया है। पुरुष के सभी कर्म पत्नी के साथ मिलकर होते हैं।

मरण-पर्यन्त पति-पत्नी में किसी प्रकार अव्यवहार नहीं होना चाहिए। संक्षेप में स्त्री पुरुष-का यही धर्म है।

विवाहित स्त्री-पुरुष सदा ऐसा यत्न करें कि जिससे वे एक-दूसरे से किसी प्रकार भी अलग न हों।

यह मैंने स्त्री पुरुष के परस्पर प्रीतियुक्त धर्म और आपातकाल में नियोग से सन्तान प्राप्ति की विधि तुम से कह दी है। अब दाय-भाग का विधान सुनो-

पिता और माता के मरने के उपरान्त भाई एकत्रित होकर पैतृक सम्पत्ति को बराबर बाँट लें। माता-पिता के जीवित रहते पुत्रों का उस पर अधिकार नहीं होता।

अथवा पिता के धन को सारा बड़ा भाई ही रख ले तथा बाकी सब भाई जैसे पिता के साथ रहते थे उसी प्रकार बड़े भाई के साथ रहकर जीवन चलायें।

बड़ा भाई अपने छोटे भाइयों को जिस प्रकार पिता उनका पालन-पोषण करते थे उसी प्रकार पालन पोषण करे और छोटे भाई बड़े भाई में धर्म से पुत्र के समान बर्ताव करें।

बड़ा भाई यदि पिता आदि के समान व्यवहार करनेवाला हो तो वह पिता और माता के समान माननीय है। किन्तु जो इस प्रकार की वृत्ति का न हो तो वह केवल भाई के समान ही माननीय है।

इस प्रकार सब साथ मिलकर रहें अथवा धर्म की कामना से अलग-अलग रहें। अलग-अलग रहने से धर्म का विस्तार होता है अत: अलग रहना भी धर्मानुकूल ही है।

पिता के धन में बड़े भाई का बीसवाँ अतिरिक्त भाग होता है और सब पदार्थों में जो श्रेष्ठ हो वह भी। इसका आधा अर्थात् चालीसवाँ अतिरिक्त भाग मझले भाई का होता है सबसे छोटे भाई का भाग अस्सीवां होता है। इस भाग को 'उद्धार' कहा गया है।

इस प्रकार उद्धार निकालने के बाद शेष धन को बराबर-बराबर बांट ले। यदि उद्धार पृथक् से न निकालें तो उस सम्पत्ति का बंटवारा इस प्रकार करें-

बड़ा भाई दो भाग ले, उससे छोटा भाई डेढ़ भाग ले और छोटे भाई एक-एक भाग ग्रहण करें। यही धर्म-व्यवस्था है।

सब भाई अविवाहित बहनों के लिए पृथक-पृथक् चतुर्थांश भाग अपने भाग में से दें जो इस प्रकार बहिन का हिस्सा नहीं देते वे पतित और दोषी माने जाते हैं।

भेड़, बकरी, घोड़ा आदि एक खुरवाले पशुओं के विषम होने पर उनका विभाजन न करे। इस प्रकार विषम रूप से बचे भेड़ बकरी आदि बड़े भाई को प्राप्त होते हैं।

जो पिता पुत्रहीन है वह कन्यादान के समय अपने दामाद से कहे-'इस कन्या से जो पुत्र उत्पन्न होगा वह मेरा तर्पण आदि करनेवाला होगा-इस प्रकार कन्या को 'पुत्रिका' करे।

अपनी आत्मा के समान ही पुत्र होता है और पुत्र जैसी ही पुत्री भी होती है। उस आत्मा रूप पुत्री के होते हुए कोई अन्य उसके धन को किस प्रकार ले सकता है?

माता को जो पिता और भाई आदि से प्राप्त धन होता है वह पुत्री का ही होता है तथा पुत्रहीन नाना के धन का अधिकारी धेवता ही होता है।

'पुत्रिका' कर लेने के उपरान्त यदि किसी पिता के पुत्र उत्पन्न हो जाये तो उस स्थिति में उन दोनों को समान भाग मिलता है, इसमें किसी को 'उद्धार' भाग नहीं मिलता। क्योंकि स्त्री 'उद्धार' के भाग की अधिकारिणी नहीं होती। अत: धेवता बड़ा होने पर भी उद्धार भाग का अधिकारी नहीं माना जाता।

पुत्र उत्पन्न होने पर लोक को जीतने के समान, पौत्र उत्पन्न होने पर चिरकाल तक सुख में निवास करने के समान और प्रपौत्र उत्पन्न होने पर तो आदित्य लोक को जीतने के समान आनन्द होता है।

पुत्र माता-पिता की 'पुम' नाम नरक से रक्षा करता है, इस कारण से स्वयं-भू परमेश्वर ने स्वयं उसको 'पुत्र' संज्ञा से अभिहित किया है।

संसार में पौत्र और दौहित्र में कोई अन्तर नहीं समझा जाता। क्योंकि दौहित्र भी अपने मातामह को पौत्रवत सुख देनेवाला होता है।

जिसका 'दत्तक' पुत्र सब गुणों से सम्पन्न हो, फिर चाहे वह किसी अन्य वंश का ही क्यों न हो, वह उस गोद लेनेवाले पिता की सारी सम्पत्ति का अधिकारी होता है।

नियुक्त स्त्री में उत्पन्न क्षेत्रज पुत्र पितृधन का भागी होता है। क्योंकि वह धर्म से उत्पन्न होने के कारण क्षेत्र स्वामी का ही बीज माना जाता है।

मरे हुए भाई के धन और स्त्री आदि की जो रक्षा करे वह भाई की स्त्री में सन्तान उत्पन्न करके भाई का वह प्राप्त सब धन उस पुत्र को ही दे दे।

जो नियोग के बिना किसी सजातीय पुरुष अथवा देवर से भी पुत्र प्राप्त करे उस पुत्र को 'कामज' काम के वशीभूत उत्पन्न किया 'व्यर्थ में उत्पन्न' होने के पिता से धन का अधिकारी नहीं मानते।

औरस, क्षेत्रज, दत्तक, कृत्रिम, गूढ़ौत्पन्न, अपविद्ध-ये छः पिता की सम्पत्ति के भागी बान्धव कहलाते हैं। कानीन, सहौढ़, क्रीत, पौनर्भव, स्वयंदत्त और शौद्र-ये छः बान्धव धन के भागी नहीं होते, केवल बान्धव कहलाते हैं।

विवाहिता से उत्पन्न औरस, नियोग से उत्पन्न क्षेत्रज, आपात्काल में उत्पन्न दत्रिम, गुणों को देखकर पुत्र किया हुआ कृतिम पिता का पता न चले वह गूढ़ोत्पन्न, माता अथवा पिता के छोड़े हुए को ग्रहण कर रखा हुआ पुत्र अपविद्ध कहलाता है।

पिता के घर रहते हुए उत्पन्न पुत्र कानीन, अज्ञात गर्भिणी से विवाहोपरान्त उत्पन्न पुत्र सहोढ़, वंश चलाने के लिए खरीदा हुआ क्रीत, दूसरा पति करने पर उससे उत्पन्न पौनर्भव, माता-पिता विहीन अथवा बिना अपराध घर से निकाला हुआ जिसे स्वयं को दे दे वह स्वयंदत्त तथा ब्राह्मण जिसको कामवश शूद्राव में उत्पन्न करे वह शौद्र कहलाता है।

माता के मरने पर सब सहोदर भाई-बहिन मिलकर माता के धन को परस्पर बांट लें।

उन सगी बहिनों की जो पुत्रियां हों उनको भी यथायोग्य प्रेमपूर्वक नानी के धन में से कुछ देना चाहिए।

स्त्री धन छः प्रकार का कहा गया है-विवाह-संस्कार के समय दिया गया धन, पति के घर लाई जाती हुई कन्या को प्राप्त पिता के घर का धन, समय-समय पर पति द्वारा प्रीतिपूर्वक दिया गया धन, भाई, माता-पिता से प्राप्त धन, यों यह छः प्रकार का होता है।

विवाहोपरान्त पिता अथवा पति द्वारा दिया गया जो धन है वह स्त्री के मरने पर किन्तु पति के जीवित रहते हुए भी वह धन सन्तानों का ही होता है।

ब्राह्म, देव, आर्ष, गान्धर्व तथा प्राजापत्य विवाहों में स्त्री को प्राप्त धन उस स्त्री के सन्तानहीन ही मर जाने पर, उस धन पर उसके पति का अधिकार माना गया है।

किन्तु जो धन उसको आसुर आदि विवाहों में प्राप्त होता है, स्त्री के निस्सन्तान मर जाने पर वह धन स्त्री के माता-पिता का हो जाता है।

स्त्रियां बहुत सदस्योंवाले कुटुम्ब से धन लेकर अपने लिए संग्रह न करें और न इस प्रकार केवल अपने लिए ही व्यय करें और अपने धन में भी अपने पति की आज्ञा के बिना किसी प्रकार का अपव्यय न करें।

पति के जीवित रहते स्त्रियों द्वारा जो आभूषण आदि धारण किये हुए होते हैं पति की मृत्यु के उपरान्त उस धन के अधिकारी पुत्र आदि उसको न बांटें, यदि वे उन्हें लेते हैं तो 'पतित' कहलाते हैं।

नपुंसक, पतित, जन्म से अन्धे और बहरे, पागल, वज्रमूर्ख और गूंगे और जो कोई किसी इन्द्रिय से पूर्ण विकलांग है ये सब धन के हिस्सेदार नहीं होते।

बुद्धिमान मनुष्य को चाहिए कि इन सबको यथाशक्ति न्यायानुसार, भोजन, वस्त्र आदि देता रहे, इस प्रकार न देनेवाला भी 'पतित' माना जायेगा।

यदि नपुंसक आदि इन पूर्वोक्तों को विवाह करने की इच्छा हो तो इनके उत्पन्न क्षेत्रज सन्तान इनके धन की भागी होती है।

पिता के मर जाने के उपरान्त बड़ा भाई जो कुछ धनसंचय करता है उसमें यदि विद्या सम्पन्न हो तो छोटे भाइयों का भाग होता है, मूर्खों और अनपढ़ों का नहीं।

अनपढ़ सब भाइयों के प्रयत्नों से धन एकत्रित हुआ हो तो उसमें पितृधन को छोड़कर बाकी धन में सबका समान भाग होगा, ऐसी मान्यता है।

विद्या के कारण प्राप्त, मित्र के प्राप्त, विवाह में प्राप्त और पूज्यता के कारण आदर-सत्कार में प्राप्त जो जिसका धन है वह उसी का होता है।

भाइयों में जो भाई अपने परिश्रम से समृद्ध हो, वह यदि पितृधन का भाग न लेना चाहे तो उसको भी पितृधन में से कुछ भाग अवश्य मिलना चाहिए।

पितृधन का बिलकुल भी उपयोग न करता हुआ यदि कोई पुत्र केवल अपने परिश्रम से धन उपार्जित करे तो अपने परिश्रम से संचित उस धन में से किसी भाई को कुछ न देना चाहे तो न दे, क्योंकि वह देने के लिए किसी भी नियम से बाध्य नहीं होता।

पिता यदि अपने न पाये हुए पैतृक द्रव्य को, जो किसी उपाय से प्राप्त कर ले, तो सम्मिलित रहते हुए भी यदि वह न चाहे तो अपने श्रम से प्राप्त उस धन को अपने भाइयों में अथवा पुत्रों में न बांटे।

भाइयों में परस्पर बंटवारा हो जाने पर फिर यदि सम्मिलित व्यापार करे और फिर विभक्त होना चाहें तो उस स्थिति में सबका समान भाग होगा। उस विभाजन में ज्येष्ठ का 'उद्धार' भाग नहीं होता।

जिन भाइयों में बड़ा या छोटा भाई अपने भाग से वंचित रह जाये, मर जाये अथवा किसी अन्य कारण से उसमें भाग न ले तो उसका भाग नष्ट नहीं होता। उसके पुत्र अथवा पत्नी उस भाग के अधिकारी होते हैं।

सभी सगे भाई और जो सम्मिलित भाई तथा सब सगी बहनें हैं, वे एकत्रित होकर उस धन को बराबर-बराबर बांट लेवें।

जो बड़ा भाई छोटे भाइयों को लोभ में आकर उनका पूरा भाग न दे, उसको बड़े के रूप में नहीं मानना चाहिए न उनको 'उद्धार' भाग ही मिलना चाहिए। यह राजा के द्वारा दण्डनीय भी होता है।

विरुद्ध अथवा बुरे कर्म में संलग्न सभी भाई धन भाग को प्राप्त करने के अधिकारी नहीं होते और छोटे भाइयों को बिना दिए बड़ा भाई अपने लिए पितृ धन में से अलग न ले, सबको बराबर बांटे।

एक साथ रहते हुए सभी भाई यदि सम्मिलित रूप से धन-संग्रह करें तो पिता किसी भी प्रकार पुत्रों के भाग को विषम रूप में न बांटे।

धन का बंटवारा करके पुत्रों के अलग हो जाने पर यदि कोई पुत्र उत्पन्न हो जाये तो वह पिता के धन को ले अथवा जो कोई पुत्र पिता के साथ सम्मिलित रूप में रह रहे हैं वह उन सबके समान भाग प्राप्त करे।

सन्तानहीन पत्र के धन को माता प्राप्त करे। माता यदि मर गई हो तो पिता की माता उस धन को ले।

पिता के सारे ऋण और धन का विधिपूर्वक बंटवारा हो जाने पर यदि बाद में कुछ ऋण और धन शेष रह जाने का पता लगे तो उस सबको भी समान रूप में बांट ले।

इस प्रकार यह मैंने दायभाग का विधान और क्षेत्रज आदि को दिए जाने वाले भाग के विषय में क्रमशः बताया है। अब तुम जुआ-सम्बन्धी विधान को सुनो।

(जुआ और समाह्वय में जड़ वस्तुओं से खेला जानेवाला 'जुआ' और चेतन प्राणियों को दांव पर लगाने पर 'समाह्वय' कहलाता है।)

राजा को चाहिए कि जुआ और समाह्वय अपने राज्य से समाप्त कर दे। क्योंकि ये दोनों दोष राजाओं के राज्य तक को नष्ट कर देते हैं।

जुआ और समाह्वय यह प्रत्यक्ष में होनेवाली चोरी है। राजा को चाहिए कि वह इनको समाप्त करने के लिए नित्य प्रयत्नशील रहे।

जो मनुष्य जुआ या समाह्वय स्वयं खेलता है अथवा दूसरों से खिलवाता है, राजा उन सबको और जो लोग कपट पूर्वक द्विजों के वेश में रहते हैं उनको भी शारीरिक दण्ड और प्रताड़ना दे। अर्थात् उनका अंगच्छेदन कर दे।

जुआरी, नाचने-गानेवाले, क्रूर आचरण करनेवाले, पाखण्डी, बुरे कर्म करनेवाले, मद्य का व्यापार करनेवाले मनुष्यों को राजा यथाशीघ्र अपने राज्य से बाहर निकाल दे।

ये छिपे हुए तस्कर राष्ट्र में रहकर गलत और बुरे कामों को कर-करके सदा राजा और सज्जन प्रजाओं को दुःख पहुंचाते रहते हैं।

प्राचीन काल से ही यह 'जुआ' महान कष्ट और शत्रुता उत्पन्न करनेवाला देखा गया है। इसलिए बुद्धिमान मनुष्य कभी हंसी में भी जुए का नाम न ले।

छिपकर या सबके सामने जो व्यक्ति जुआ खेलता है उसको राजा जो चाहे वह दण्ड दे सकता है।

राजा द्वारा न्यायालय आदि में नियुक्त कर्मचारी रिश्वत आदि से प्रभावित होकर वादी-प्रतिवादियों के अभियोगों को यदि बिगाड़ते हैं तो राजा को चाहिए कि उन कर्मचारियों की सम्पत्ति दण्ड के रुप में हरण कर ले।

राजा के निर्णयों को कपट पूर्वक लिखनेवाले और अमात्यों आदि कर्मचारियों को बुरे कामों में फंसानेवाले; स्त्री, बाल और विद्वानों की हत्या करनेवाले, शत्रु से मिलकर उसका भला करनेवाले, वध के योग्य हैं।

जिस अभियोग में एक बार ठीक निर्णय दिया जा चुका हो उसको पूर्ण समझकर उस पर फिर विचार करना उचित नहीं है।

मन्त्री अथवा न्यायाधीश जिस अभियोग का गलत निर्णय करें तो राजा को चाहिए कि उस पर निर्णय करे और अन्यायपूर्ण निर्णय करनेवालों को भी दण्डित करे।

अदण्डनीय को दण्ड देने पर जितना अधर्म माना गया है उतना ही दण्डनीय को दण्ड न देने पर भी अधर्म होता है।

इस प्रकार राजा धर्मयुक्त न्याय-व्यवस्था करता हुआ अप्राप्त देशों को प्राप्त करने की इच्छा करे और प्राप्त किए देशों की भली प्रकार रक्षा करे।

श्रेष्ठ आचरण करनेवाले व्यक्तियों की रक्षा करने से और दुष्टों को दण्ड देने से, प्रजा के पालन में तत्पर रहनेवाले राजा उत्तम सुख का भोग करते हैं।

जो राजा चोर आदि को नियन्त्रित न करता हुआ प्रजाओं से कर आदि ग्रहण करता है, उसके राष्ट्र में निवास करनेवाली प्रजा क्षुब्ध होकर विद्रोह कर देती है और वह राज्य सुख में क्षीण हो जाता है।

जिस राजा के बाहुबल के सहारे प्रजा निर्भय रहती है उसका राज्य सींचे गए वृक्ष की भांति सदा बढ़ता रहता है।

गुप्तचरों के माध्यम से सब काम देखनेवाला राजा प्रकट और गुप्त रूप से दूसरों के द्रव्यों को चुरानेवाले दोनों प्रकार के चोरों की जानकारी रखे।

उन दोनों प्रकार के चोरों में नाना प्रकार के व्यापारी, जो देखते-देखते माप, तोल, हेराफेरी करके ठगते हैं, प्रकट चोर जो छिपकर चोरी, करते है वे गुप्त चोर हैं।

रिश्वतखोर, भय दिखाकर धन लेनेवाले, 'तुम्हें पुत्र या धन प्राप्ति होगी' इत्यादि लुभावनी बातों को कहकर धन लेनेवाले, ठग, जुए से धन लेनेवाले, साधु रूप धारण कर ठगनेवाले, भविष्य बताकर धन लेनेवाले, धन आदि लेकर गलत तरीके से काम करनेवाले, उच्च राजकर्मचारी, अनुचित मात्रा में धन लेकर चिकित्सा करनेवाले अथवा अयोग्य चिकित्सक, अनुचित मात्रा में धन लेनेवाले शिल्पी, धन ठगने में चतुर वेश्यायें तथा अन्यान्य जो श्रेष्ठों का वेश या चिह्न धारण कर गुप्त रूप से विचरण करनेवाले दुष्ट या बुरे व्यक्ति हैं, उनको प्रजा को पीड़ित करनेवाले प्रकट चोर माना गया है।

अपने विषय में चतुर, अच्छे आचरणवाले गुप्तचरों को नियुक्त कर उनके द्वारा उन ठगों का पता लगाकर और उन्हें पकड़कर कारागार में डाल दे।

राजा को चाहिए कि उनके दोषों को उनको बताकर बल और अपराध के अनुसार उन्हें न्यायोचित दण्ड दे।

प्रकट चोरों, गुप्त अथवा अन्य अपराधियों तथा पाप में बुद्धि रखनेवालों के पापों पर दण्ड के बिना रोक नहीं हो सकती।

सभा के आयोजनस्थल, प्याऊ, मालपुआ आदि बेचने के स्थान, वेश्यालय, मदिरालय, अनाज की मण्डी, चौराहों, चौपाल, सार्वजनिक स्थान, सूने पड़े हुए घर, तमाशे के स्थान, पुराने बगीचे और जंगल, शिल्पियों के स्थान, वन और उपवन, ऐसे स्थानों पर चोरों को रोकने के लिए एक स्थान पर रहने वाले और गश्त लगानेवाले सिपाहियों और गुप्तचरों को विचरण करने का आदेश दें।

खाने के पदार्थों का लालच देकर और ब्रह्मवेत्ता विद्वानों के दर्शनों के बहाने तथा कोई शौर्य कर्म दिखाने के बहाने से उन चोर आदि को सिपाहियों द्वारा बन्दी बना ले।

राजा को चाहिए कि चोरों के साथ उनके सहयोगी और मित्र, बान्धव-जो उनको सहायता देते रहते हैं। उनको भी उसी प्रकार दण्डित करे।

चोर पकड़ लिए जाने पर जब तक चोरी प्रमाणित न हो जाए, तब तक उसको दण्डित न करे।

राज्य की सीमा तथा चुंगी आदि स्थानों पर नियुक्त राजकर्मचारी भी यदि चोरी अथवा तस्करी आदि करे तो उनको भी चोर के समान ही दण्डित करे।

जो राजकर्मचारी, सैनिक, गुप्तचर और सुरक्षा कर्मचारी अपने कर्तव्य का ठीक प्रकार से पालन न करें, आवश्यकता पड़ने पर प्रजा की सहायता के लिए न दौड़ें, उन्हें दण्डित कर देश से बाहर निकाल दे।

खजाना चुरानेवाले, राजविरोधी कार्य करनेवाले और शत्रुओं को भेद देनेवाले–इन सबको राजा विविध प्रकार से दण्डित करे।

जेबकतरे चोर के पहली बार पकड़े जाने पर उसकी अंगुलियां काट दे, दूसरी बार पकड़े जाने पर हाथ-पैर और तीसरी बार पकड़े जाने पर प्राण-दण्ड दे।

जो व्यक्ति स्वस्थ होने पर भी सड़क, मुख्य मार्ग पर या गली में मल-मूत्र का त्याग करे उसको पकड़कर दण्डित करे तथा उस स्थान को तुरन्त साफ करवा दे। किन्तु कोई रोगी, वृद्ध, बालक, आपदाग्रस्त अथवा गर्भिणी नारी इस प्रकार मार्ग को गन्दा करे तो उसको ताड़ना देकर छोड़ दे और उस स्थान को तुरन्त साफ करवा दे।

अच्छी वस्तुओं में खराब वस्तुओं की मिलावट करके उन्हें दूषित करने पर तथा अच्छी वस्तुओं को बिगाड़ने पर और मणि आदि रत्नों को तोड़ने-फोड़ने के अपराधी को दण्डित करे।

राजा कारागारों को प्रधान मार्गों पर बनवाये जिससे कि आने-जानेवाले बन्दियों को देख-देखकर भय अनुभव करें और स्वयं भले बने रहने का संकल्प लें।

निम्न सात प्रकृतियां राज्य के अंग कहीं गई हैं-स्वामी, मंत्री, किला, राष्ट्र, कोष, दण्ड और मित्र। राज्य की इन सात प्रकृतियों में क्रमशः पहली-पहली प्रकृति सम्बन्धी आपत्ति को बड़ी समझे।

गुप्तचरों से, सेना के उत्साह, सम्बन्ध से और राजशक्ति बढ़ानेवाले नये-नये कार्यों के करने से राजा अपनी शक्ति और शत्रु की शक्ति की सदा जानकारी रखे।

बार-बार हारा-थका हुआ भी राजा फिर-फिर कार्यों को आरम्भ करे। क्योंकि कर्मों को आरम्भ करनेवाले पुरुष को ही विजय-लक्ष्मी प्राप्त होती है।

सतयुग, त्रेतायुग, द्वापरयुग और कलियुग-ये सब राजा के ही आचार-व्यवहार विशेष हैं वस्तुत: राजा ही 'युग' बनाता है, इस प्रकार राजा युगनिर्माता कहा जाता है।

राजा जब सोता है अर्थात राज-काज में उपेक्षा करता है तो यह 'कलियुग' होता है, जब वह जागता है अर्थात् साधारण रूप से राज-काज करता है तो वह 'द्वापरयुग' कहलाता है और जब राजा राज्य तथा प्रजा के हित में सदा संलग्न रहता है वह 'त्रेतायुग' कहलाता है तथा जब राजा सभी कार्यों को तत्परतापूर्वक करते हुए, अपनी प्रजा के दु:खों को जानने के लिए राज्य में विचरण करता है, तब वह 'सतयुग' कहलाता है।

राजा को चाहिए कि वह निम्न आठ रूपों में अपना आचरण-व्यवहार निर्धारित करे-इन्द्र, सूर्य, वायु, यम, वरुण, चन्द्रमा, अग्नि और पृथ्वी। अर्थात् इन्द्र की भांति समय पर वर्षा, सूर्य की भांति आठ मास तक जल-ग्रहण, वायु की भांति सब प्राणियों में विचरण, यम की भांति शत्रु-मित्र में अभेद, वरुण की भांति अपराधियों को बांधना, चन्द्र की भांति मनुष्यों को प्रसन्न रखना, अग्नि के समान तेज तथा धरती की भांति सबको समान रूप से धारण-पोषण करना राजा का परम कर्तव्य है।

जो राजा इस प्रकार अपना राज-काज चलता है और अपने राज कर्मचारियों को भी उसी प्रकार संलग्न रखता है, वह सुख का भागी होता है।

दशम् अध्याय

वैश्य-शूद्र के धर्म

विधिपूर्वक यज्ञोपवीत संस्कार होने के उपरान्त वैश्य विवाह करके सदा व्यापार और पशु-पालन में लगा रहे।

वैश्य को चाहिए कि वह मणि, मोती, प्रवाल और लौह आदि तथा वस्त्र, सुगन्धित कपूर, कस्तूरी आदि पदार्थ एवं रस-रसायनों के मूल्यों के घटाव-बढ़ाव को जाने।

सब प्रकार के बीजों को बोने की विधि, खेतों के गुण-दोष, तोल-तराजू से सम्बन्धित सभी बातों को भली प्रकार जाने।

वस्तुओं के भले-बुरे की पहचान, व्यापार में लाभ-हानि तथा पशुओं की वृद्धि के उपाय को भी वैश्य को जानना चाहिए।

नौकरों के वेतन, विभिन्न देशों की भाषाएं, वस्तुओं के प्राप्तिस्थान, मिश्रण आदि की विधियाँ तथा क्रय-विक्रय की विधि को भी जाने। इस प्रकार कार्य करता हुआ वैश्य प्रयत्नपूर्वक प्रजा का कार्य सम्पन्न करे।

वेदों के ज्ञाता ब्राह्मणों, यशस्वी गृहस्थियों की सेवा करना ही शूद्र का कल्याणकारक धर्म है।

शुद्ध-पवित्र अपने से उत्कृष्ट वर्ण की सेवा करनेवाला मधुरभाषी, अहंकाररहित, तीनों वर्गों की सेवा में संलग्न शूद्र भी उत्तम वर्ण को प्राप्त कर लेता है।

ब्राह्मण, क्षत्रिय, वैश्य विद्याध्ययनरूपी दूसरा जन्म प्राप्त करने के कारण द्विजाति कहलाते हैं। चौथा विद्याध्ययनरूपी दूसरा जन्म न होने के कारण एकजन्म वाला शूद्रवर्ण है। पांचवां कोई वर्ण नहीं है।

इन जातियों के विवाह आदि के विषय में पिछले अध्यायों में बताया जा चुका है। अब यहाँ पर विभिन्न वर्गों द्वारा दो हीन वर्ण में उत्पन्न सन्तान के विषय में बताते हैं, जैसे ब्राह्मण से वैश्य स्त्री अथवा क्षत्रिय से शूद्र स्त्री आदि।

ब्राह्मण से वैश्य कन्या में 'अम्बष्ठ' और शूद्र में 'निषाद', क्षत्रिय से शूद्र कन्या में 'उग्र' तथा ब्राह्मण के तीन वर्ण की स्त्रियों में, क्षत्रिय के दो वर्ण की स्त्रियों में तथा वैश्य के एक वर्ण की स्त्रियों में उत्पन्न ये छः 'अपसद' कहे गए हैं।

अब प्रतिलोम का वर्णन करते हैं

क्षत्रिय से, ब्राह्मण कन्या में 'सूत', वैश्य से क्षत्रिय में 'मगध' तथा वैश्य से ब्राह्मणी में 'वैदेह' इसी प्रकार शूद्र से वैश्या, क्षत्रिया और ब्रह्मणी में उत्पन्न सन्तान क्रमश: आयोगव, क्षता और चाण्डाल कहे जाते हैं।

ब्राह्मण से उग्र, अम्बष्ठ, तथा आयोगव से उत्पन्न सन्तान क्रमश: आवृत्त आभीर और धिग्वण कहलाता है।

निषाद से शूद्रा में उत्पन्न हुआ 'पुक्कस', शूद्र से निषाद कन्या में उत्पन्न पुत्र 'कुक्कुटक' कहा गया है। क्षता से उग्र में 'श्वापक', वैदेह से अम्बष्ठी में 'वेण', वेदारम्भ और उपनयन आदि रहित होने के कारण ये सब 'व्रात्य' कहलाते हैं।

व्रात्य ब्राह्मण से उत्पन्न भूजकण्टक' और व्रात्य क्षत्रिय से भल्ल, मल्ल लिच्छवि, नट, करण, खस और द्रविड़ नामक उत्पन्न होते हैं।

प्रतिकूल चलनेवाले अधम चाण्डाल आदि तीन चारोंवर्णों की स्त्रियों में अपने से अधिक अधम सन्तान को जन्म देती हैं। इस प्रकार एक-से-एक हीन पन्द्रह वर्ण उत्पन्न होते हैं। इन को वर्णसंकर कहते हैं।

लोक में ब्राह्मण, क्षत्रिय, वैश्य और शूद्र इन चार वर्षों से कर्तव्य पालन न करने के कारण बहिष्कृत या इनमें अदीक्षित जो जातियाँ हैं वे चाहे म्लेच्छ हों अथवा आर्य भाषा-भाषी वे सब 'दस्यु' कहलाती है।

सूतों का अश्वपालन और सारथी होना, अम्बष्टों का चिकित्सा, वैदेहों का अन्त:पुर की सेवा, मागधों का व्यापार, निषादों का मत्स्य, आयोगव का लकड़ी तोड़ना तथा भेद, आन्ध्र, चुञ्च और मदगुवों का जानवरों को मारना आजीविका है।

चाण्डालों और श्वपचों का निवास ग्राम से बाहर हो। इनके वस्त्राभूषण आदि इसी प्रकार निकृष्ट होते हैं। इनका विवाह-व्यवहार आदि सब उनके अपने बराबरवालों के साथ होना चाहिए। वे राजा की आज्ञा से निर्धारित कार्य करें। फांसी के योग्य को फाँसी देकर बध्य कपड़े और शय्या आदि आभरणों को स्वयं ले जाएं।

अपने वर्ण की दीक्षा से रहित श्रेष्ठ रूप में रहते हुए किंतु वास्तव में अनार्य दृष्ट वृत्तिवाले अपरिचित व्यक्ति को उसके अपने-अपने कर्म के आधार पर जानना चाहिए।

अश्रेष्ठ व्यवहार, उजड्डपना, क्रूरता, धर्म-कर्म के प्रति उपेक्षा, ये लक्षण लोक में नीच योनिज पुरुष को प्रकट करते हैं।

इस प्रकार वर्ण संकर व्यक्ति माता अथवा पिता से प्राप्त दुष्ट स्वभाववाला ही होता है। बड़े कुल में उत्पन्न हुआ भी जिस योनि से संकर हो उसके स्वभाव को पाता ही है।

जिस राज्य में अधिक वर्ण संकर सन्तान होती है वह राज्य शीघ्र ही नष्ट हो जाता है। अत: प्रतिलोमज सन्तान की अपेक्षा करना उचित नहीं है।

शूद्र, ब्राह्मण और ब्राह्मण शूद्र हो जाता है और वैसे ही क्षत्रिय और वैश्य से उत्पन्न के विषय में जानना चाहिए। अर्थात् यदि मनुष्य अपना गुण, कर्म, स्वभाव श्रेष्ठ बना ले तो वह श्रेष्ठ हो जाता है और निकृष्ट बना ले तो वह निकृष्ट हो जाता है।

जिस प्रकार अच्छा बीज अच्छे खेत में बौने पर समृद्ध फसल देता है वैसे ही सन्तान के विषय में जानना चाहिए। कोई विद्वान तो बीज को तथा कोई खेत को तथा कुछ दोनों को ही प्रधानता की व्यवस्था देते हैं।

अच्छा बीज यदि अच्छे खेत में न पड़े तो नष्ट हो जाता है और अच्छे खेत में अच्छा बीज न पड़े तो वह ऊसर रह जाता है, यही मनुष्य जाति के साथ भी है।

ब्राह्मण यदि अपने निर्धारित कर्म से निर्वाह नहीं कर सकता है तो उसको चाहिए कि वह क्षत्रिय धर्म से अपनी, आजीविका चलाए, क्योंकि वही उसके समीप है। अन्यथा गो-रक्षा करके अपना जीवन चलाए। इसी प्रकार आपत्ति को प्राप्त क्षत्रिय और फिर वैश्य अपनी आजीविका के विषय में सोचें।

अपना धर्म-छोटा-मोटा–भी श्रेष्ठ है और दूसरे का अच्छा अनुष्ठान किया हुआ भी श्रेष्ठ नहीं है। क्योंकि पराये धर्म का आचरण करके जीविका करता हुआ उसी समय अपनी जाति से पतित हो जाता है।

यह चारों वर्गों का सम्पूर्ण धर्म विधान कहा है। इसके बाद अब शुभ प्रायश्चित्त की विधि को कहूंगा।

ग्यारहवाँ अध्याय
प्रायश्चित विषय

यथाशक्ति वेद के जाननेवाले आसक्ति रहित ब्राह्मणों को धन देना चाहिए। इससे दानी मनुष्य का परलोक सुखमय होता है। राजा को चाहिए कि वेद के जाननेवाले ब्राह्मणों को यज्ञ के लिए आमन्त्रित कर अन्त में रत्नों आदि से उनका सत्कार करते हुए उचित दक्षिणा भी दे।

जो कुटुम्बियों को भूखा रखकर परजन को देता है वह मधु का त्याग कर विष चाटने के समान धर्मविरोधी कार्य करता है। उसका दिया हुआ वह दान इस लोक में तथा परलोक में भी उसको दु:ख ही देता है।

वृद्ध माता-पिता, सती स्त्री, बालक, पुत्र, इनका भरण-पोषण करना गृहस्थ का धर्म है। सौ अकाज करके भी यह कार्य करना चाहिए।

जो केवल धन:संग्रह करता है किन्तु दान नहीं देता, उसके यहां से जबरदस्ती लाकर यज्ञ कर्म में लगाये, इससे धर्म की वृद्धि होती है।

जो असाधुओं से धन लेकर साधुओं को दे देता है वह मानों अपने लिए ऐसी नाव बना रहा है जो उसको तथा उस असाधु को भी पार उतार देगी।

जिस धन का उपयोग यज्ञ आदि शुभ कर्म में होता है, वह 'देवधन' कहलाता है और जो धन इस प्रकार के कार्यों में व्यय नहीं होता उसे 'आसुरधन' कहते हैं।

जो व्यक्ति यज्ञ के नाम पर धन एकत्रित करता है और वह सारा धन यज्ञ में यदि नहीं लगता है तो वह महापातकी कहा जाता है।

देवधन और ब्राह्मणधन को जो लोभ वश चुरा लेता है वह पापात्मा है और परजन्म में वह गिद्ध की जूठन खानेवाला बनता है।

अपने सामर्थ्य और राजा के सामर्थ्य में ब्राह्मण के लिए अपना सामर्थ्य अधिक बलवान है। इस कारण ब्राह्मण अपने ही सामर्थ्य से शत्रु का निग्रह करे।

विहित कर्मों का अनुष्ठान करनेवाला, पुत्र शिष्यों को शिक्षा देनेवाला प्रायश्चित्त आदि धर्मों को बतानेवाला, सबका मित्र, ब्राह्मण कहा है, उससे कोई बुरी बात न बोले।

अन्न हीन यज्ञ राज्य को फूंकता है, मन्त्रहीन ऋत्विजों का नाश करता है, दक्षिणाहीन दीक्षित को नष्ट करता है। अतः इस प्रकार के हीन यज्ञ नहीं करने चाहिए।

जो अग्निहोत्री ब्राह्मण नित्य प्रातः, सायं अग्निहोत्र नहीं करता वह पाप का भागी बनता है।

जो व्यक्ति शास्त्र विहित कर्मों को तो न करे किन्तु निन्दित कर्मों को करता रहे और इन्द्रिय के विषयों में लिप्त रहे, ऐसे व्यक्ति को चाहिए कि अपने परलोक के लिए प्रायश्चित्त करे।

कुछ विद्वान अज्ञानवश किये गए पाप में प्रायश्चित्त करने को कहते हैं और कुछ लोग वेदों में उल्लेख होने के कारण जानकर किये गए पाप को भी प्रायश्चित्त करने को कहते हैं।

अनिच्छापूर्वक किया गया पाप वेदाभ्यास से शुद्ध होता है। आसक्ति में इच्छापूर्वक किया गया पाप अनेक प्रकार के प्रायश्चित्तों के करने से शुद्ध होता है।

प्रायश्चित्त की व्याख्या-

'प्रायः' तप को कहते है और 'चित्त' निश्चय को कहते हैं। तप और निश्चय का संयुक्त होना ही 'प्रायश्चित्त' कहलाता है।

इसलिए संस्कारों की शुद्धि के लिए सदा प्रायश्चित्त करना चाहिए। पापशुद्धि किए बिना मनुष्य निन्दनीय लक्षणों से युक्त हो जाते हैं या मरकर पुनर्जन्म में होते हैं।

(इसके अनन्तर उन सब पाप कर्मों को गिनाया गया है जो पिछले दस अध्यायों में स्थान-स्थान पर कहे गए हैं। उसके साथ ही उनकी प्रायश्चित्त विधि का भी उल्लेख किया गया है। स्थानाभाव के कारण वह सब यहां पर दे पाना सम्भव नहीं है।)

बिना प्रायश्चित्त किए हुए पाप करनेवालों के साथ किसी भी प्रकार का व्यवहार करना निषिद्ध माना गया है। किन्तु जो प्रायश्चित्त कर लेते हैं उनकी फिर कभी निन्दा नहीं की जानी चाहिए।

इसके अतिरिक्त भी कुछ कर्म ऐसे होते हैं जिनके करने पर कितना ही प्रायश्चित्त का दिखावा किया जाये, वे नर त्याज्य ही हैं जैसे बालक को मारने वाला, किए हुए उपकार को न माननेवाला, स्त्री को मारनेवाला आदि आदि।

जिन द्विजों को उचित समय पर उपनयन संस्कार न हुआ हो उनको तीन कृच्छ व्रत कराके विधिपूर्वक उनका उपनयन संस्कार कर देना चाहिए।

निन्दित कर्म करने पर जो उपनयन युक्त द्विज प्रायश्चित्त करके अपने को शुद्ध करना चाहते हैं और वेदादि के त्यागने पर जो प्रायश्चित्त करके शुद्ध होना चाहते हैं उनको भी पूर्वोक्त व्रत करने चाहिए।

वेदोक्त नैत्यिक कर्मों के न करने पर और ब्रह्मचर्यावस्था में व्रतों के न करने पर एक दिन उपवास रखना ही प्रायश्चित्त है।

जिन पापों के प्रायश्चित्त का इसमें वर्णन नहीं किया गया है उनको दूर करने के लिए पाप की गहनता और मनुष्य की शक्ति को देखकर तदनुसार प्रायश्चित्त का निर्णय करना चाहिए।

प्राजापत्य व्रत का पालन करनेवाला द्विज पहले तीन दिन प्रातःकाल फिर तीन दिन सायंकाल उसके बाद तीन दिन बिना मांगे जो मिल जाये उसका भोजन करे और फिर उसके बाद तीन दिन का उपवास करे।

एक दिन गौ-मूत्र, गोबर का रस, गौ-दूध, गौ के दूध का दही, गौ-घृत, और कुशा से उबला जल-इनका भोजन करे और फिर एक दिन रात का उपवास रखे यह 'कृच्छ सांतपन' नामक व्रत है।

पहले बताई विधि के अनुसार तीन दिन केवल प्रातःकाल, तीन दिन केवल सायंकाल, तीन दिन बिना मांगे प्राप्त हुआ एक एक ग्राम भोजन करे और अन्तिम दिन उपावास रखना 'अकृ◌िच्छ व्रत' कहलाता है।

गर्म पानी, गर्म दूध, गर्म घी और वायु प्रत्येक को तीन-तीन दिन पीकर रहे और एक बार स्नान करे तथा एकाग्रचित रहे। इसे 'तृप्तकृच्छ व्रत' कहते हैं।

स्वस्थ और स्वाधीन चित्त-वाले का बारह दिन भोजन न करना 'पराक कृच्छ' व्रत कहलाता है।

(व्रत के लिए 15 ग्रास भोजन की विधि है।) कृष्ण पक्ष में एक-एक ग्रास भोजन प्रतिदिन कम करते जाए। अमावस्या को पूर्ण उपवास हो जाने पर शुक्ल पक्ष की प्रतिपदा से एक-एक ग्रास भोजन करके तीन समय स्नान करे, यह 'चान्द्रायण' व्रत कहलाता है।

चान्द्रायण की सम्पर्ण विधि को शुक्ल पक्ष के पहले दिन से प्रारम्भ करके निश्चित क्रम से करे और कृष्ण पक्ष में एक-एक ग्रास बढ़ाए। इसको 'यवमध्य चान्द्रायण' व्रत कहते हैं।

जितेन्द्रिय हविष्य अन्न का भोजन करनेवाला 'यति चान्द्रायण' व्रत का आचरण करता हुआ मध्याह्न में आठ-आठ पिण्ड ग्रास भोजन करे।

प्रात:काल चार ग्रास और सायंकाल चार ग्रास भक्षण करनेवाले को 'शिशु चान्द्रायण' व्रत कहते हैं।

इस चान्द्रायण व्रत को रुद्र, आदित्य, वसु, मरुत, इन संज्ञावाले विद्वानों ने महर्षियों के साथ सम्पूर्ण पाप के नाशार्थ किया है।

प्रायश्चित्तकर्ता को प्रतिदिन महाव्याहृतियों-से-हवन करना चाहिए और अहिंसा, सत्य, क्रोध रहित रहना, कुटिलता न करना आदि बातों का पालन करना चाहिए।

प्रायश्चित्तकर्ता प्रतिदिन शक्ति के अनुसार अधिक-से-अधिक गायत्री मन्त्रों का जप और प्रार्थना करे। ऐसा करना सभी व्रतों में प्रायश्चित्त के लिए उत्तम माना गया है।

जिनका पाप क्रिया रूप में प्रकट हो गया है, ऐसे द्विजों को पूर्वोक्त व्रतों से शुद्ध करे और जिनका पाप क्रिया रूप में प्रकट नहीं हुआ है ऐसों को मन्त्र, जपों और यज्ञों से शुद्ध करें।

अपनी त्रुटि और उसे लिए पश्चात्ताप अनुभव करते हुए, व्रतों की साधना से वेदों के अध्ययन से पाप करनेवाला पाप भावना से रहित हो जाता है और आपदाग्रस्त व्याधि की अवस्था में अपराध होने पर परोपकारार्थ दान देने से निष्पाप हुआ जाता है।

अधर्मयुक्त आचरण करके मनुष्य जैसे-जैसे अपने पाप को लोगों से कहता है, वैसे-वैसे सांप की केंचुली के समान उस अधर्म से मुक्त होता जाता है।

उसका मन और आत्मा जैसे-जैसे किए हुए अपराध को धिक्कारती है वैसे-वैसे उसका शरीर उस अधर्म अपराध से मुक्त हो जाता है।

पाप करके और उसके लिए अपराध करके उस पाप से छूट जाता है और फिर कभी इस प्रकार का पाप नहीं करूंगा, इस प्रकार निश्चय करने के बाद पापों की ओर निवृत्ति होने से वह व्यक्ति पवित्र आचरणवाला बन जाता है।

"मरकर कर्मों का फल अवश्य मिलेगा" मन में इस विचार को रखते हुए मनुष्य मन, वाणी और शरीर से सदा शुभ कार्य करे।

अज्ञान से अथवा जान-बूझकर निन्दित कर्म करके मनुष्य उस पाप वृत्ति से छुटकारा पाने के लिए दुबारा पाप न करे।

जिस कर्म के करने पर मनुष्य के मन में जितना भारीपन हो उस कर्म में जितना तप करने से मन में सुप्रसन्नता और सन्तुष्टि हो जाये उतना ही तप करे।

प्रतिदिन वेद का अधिक-से-अधिक अध्ययन, पंचमहायज्ञों का अनुष्ठान तप, सहिष्णुता, ये क्रियाएं बड़े पापों से उत्पन्न पाप भावनाओं को भी नष्ट कर देती हैं।

जिस प्रकार अग्नि अपने तेज से समीप आए, काष्ठ आदि ईंधन को तत्काल जला देती है वैसे ही वेद का ज्ञाता ज्ञानरूपी अग्नि से सब आनेवाली पाप भावनाओं को जला देता है।

जैसे फेंका हुआ ढेला बड़े तालाब में गिरकर पिघलकर नष्ट हो जाता है, उसी प्रकार तीन विद्याओं वाले वेदों को जानने पर सब बुरे आचरण मनुष्य को प्रभावित नहीं करते।

ऋग्वेद, यजुर्वेद और साम वेद के अनेक मन्त्र इन तीनों को 'त्रिवृतवेद' जानना चाहिए। जो इस त्रिवृत वेद को जानता है वास्तव में वही 'वेद वेत्ता' है।

यह तुम्हें प्रायश्चित्त की सम्पूर्ण विधि बतलाई। अब इसके आगे ब्राह्मण में मोक्षधर्म-विधान को सुनो।

बारहवाँ अध्याय
कर्मफल विधान

ऋषियों ने मनु महाराज से कहा कि आपने हमको चारों वर्गों का सम्पूर्ण धर्म विस्तार से बताया है, अब आप हमें कर्म फल की निवृत्ति आदि के विषय में बताइए। महर्षि मनु ने कहा, वह भी सुनाता हूं। सुनो-

मन, वचन और शरीर से किए जानेवाले कर्म शुभ और अशुभ फल को देनेवाले होते हैं। उन कर्मों के अनुसार मनुष्यों की उत्तम, मध्यम; अधम गतियाँ होती हैं।

मानसिक कर्मों में से तीन मुख्य अधर्म हैं-चोरी, लोगों का अनिष्ट करना और मिथ्या निश्चय करना।

चार वाचिक अधर्म कहे गए हैं—कठोर भाषण, असत्य भाषण, चुगली करना और जानबूझकर बात को उड़ाना।

शारीरिक अधर्म तीन कहे गए हैं-अन्याय से दूसरों का धन लेना; हिंसा करना अर्थात् शास्त्र विरुद्ध दण्ड देना, और परस्त्री गमन अर्थात् व्यभिचार।

मन से किये गए कर्म को मन, वाणी से किये गए कर्म को वाणी और शरीर से किए गए कर्म को शरीर भोगता है।

सतोगुण, रजोगुण और तमोगुण-इन तीनों को आत्मा को प्रभावित करने वाला प्रकृति के गुण समझना चाहिए। महत्त्व इन तीन गुणों से बिना किसी पदार्थ को छोड़े इन समस्त पदार्थों को व्याप्त करके स्थित है।

जब आत्मा में ज्ञान हो तब सत्त्व, जब अज्ञान रहे तब तम और जब राग-द्वेष में आत्मा लगें तब रजोगुण जानना चाहिए। ये तीन गुण संसार के सब पदार्थों में व्याप्त होकर रहते हैं।

जो इन तीन गुणों का उत्तम, मध्यम और अधम फलोदय होता है उसको पूर्ण भाव से वर्णन करते हैं।

वेदों का अभ्यास, तप और ज्ञानवृद्धि, पवित्रता की इच्छा, इंद्रियों का निग्रह, धर्म-क्रिया और आत्मा का चिन्तन सत्त्वगुण का लक्षण है।

जब रजोगुण का उदय और सत्व तथा तमोगुणों का अन्तर्भाव होता है तब आरम्भ में रुचिता, धैर्य-त्याग, और असत्कर्मों का ग्रहण और निरंतर विषयों की सेवा में प्रीति होती है। अर्थात् ये रजोगुण के लक्षण हैं।

लोभ बढ़ना, आलस्य में रहना अथवा सोते रहना, धैर्य का नाशकरना, क्रूरता, नास्तिक भाव का उदय, चंचलता, प्रमाद रहना और व्यसनों में फंसे रहना तमोगुणों के लक्षण हैं।

इन तीनों गुणों में जिस गुण से जो मनुष्य जिस सांसारिक गति को प्राप्त करता है उन सबको कहता हूं।

जो मनुष्य सात्विक है वे देव, जो रजोगुणी हैं वे मध्य और जो तमोगुणी होते हैं वे नीच गति को प्राप्त करते हैं।

मन, वचन और शरीर के भेद से तीन प्रकार के कर्मों का सतोगुण, रजोगुण और तमोगुण तीन प्रकार का फल तथा उनकी उत्तम, मध्यम और अधम ऐसी तीन गतियोंवाले सब प्राणियों से युक्त समस्त संसार की उत्पत्ति का यह पूर्ण वर्णन किया है।

जो इन्द्रियों के वश होकर, विषयी धर्म को छोड़कर अधर्म करनेवाले हैं, अविद्वान् हैं, वे मनुष्य में नीच जन्म को प्राप्त करते हैं।

अच्छी या बुरी भावना से मनुष्य जैसा अच्छा या बुरा कर्म करता है वैसे ही वह शरीर पाकर उन कर्मों के फलों को भोगता है।

अब आगे मोक्षदायक कर्मों को कहते हैं-

वेदों का अभ्यास, तप, ज्ञान, इन्द्रिय-संयम, धर्म-पालन एवं यज्ञ आदि, परमात्मा का ध्यान-ये छः मोक्ष प्रदान करने के सर्वोत्तम कर्म हैं।

इन सब कर्मों में 'परमात्मज्ञान' सर्वश्रेष्ठ कर्म माना है। यह विद्याओं में सर्वप्रमुख कर्म है जिससे मुक्ति प्राप्ति होती है।

सब प्राणियों और पदार्थों में परमात्मा को और परमात्मा में सब पदार्थों एवं प्राणियों को समान भाव से देखता हुआ, उसी का ध्यान करता हुआ परमात्मा का उपासक मनुष्य मोक्ष को प्राप्त करता है।

परमात्मज्ञान, इन्द्रिय संयम और वेदाभ्यास, ये तीन कर्म द्विजों के जन्म को सफल बनानेवाले हैं। इनका पालन करके ही मनुष्य अपने कर्तव्य का पालन करता है।

वेद विरुद्ध ग्रंथ मनुष्य को डुबोनेवाले हैं।

चार वर्ण, चार आश्रम, भूत, भविष्य और वर्तमान आदि की सब विद्या वेदों से ही प्रसिद्ध होती है।

शब्द, स्पर्श, रूप, रस गन्ध ये उत्पत्ति, गुण और ज्ञान रूप से वेदों से ही प्रसिद्ध होते हैं। वेद शास्त्र सब प्राणियों को धारण और सब सुखों की प्राप्ति कराता है। ये ही सब जीवों के लिए सब सुखों का साधन है।

जब सेनापतित्व, सारा राज्य, दण्ड देने के सब कार्यों का आधिपत्य और सबके ऊपर राज्याधिकार इन चारों अधिकारों को वही प्राप्ति करने योग्य है जो वेद का ज्ञाता हो।

जैसे धधकती हुई आग गीले वृक्षों को भी जला देती है, उसी प्रकार वेदों का ज्ञाता विद्वान् अपने कर्मों से उत्पन्न होनेवाले संस्कार दोषों को जला देता है।

वेद शास्त्र के अर्थतत्त्व का ज्ञाता विद्वान किसी भी आश्रम में रहता हुआ इसी वर्तमान जन्म से ही ब्रह्म प्राप्ति के लिए अधिकाधिक समर्थ हो जाता है।

विप्र के लिए तप और विद्या, ये दोनों उत्तम मोक्ष साधन हैं, वह विप्र तप से पाप भावना को नष्ट करता है और जो सत्य विद्याओं के ज्ञान से अमरता को प्राप्त करता है।

धर्म के तत्त्व को जानने के अभिलाषी मनुष्य को प्रत्यक्ष, अनुमान और विविध वेदमूलक शास्त्रों का भली प्रकार ज्ञान प्राप्त करना चाहिए।

जो मनुष्य ऋषियों द्वारा विहित धर्म का उपदेश करता है, वेद शास्त्र के अनुकूल तर्क के द्वारा अनुसन्धान करता है, वही धर्म के तत्त्व को समझ सकता है, अन्य नहीं।

जो धर्मयुक्त व्यवहार, यहां नहीं कहे गए हों, यदि उनमें शंका उत्पन्न हो तो जिसको आप आप्त विद्वान समझें उससे परामर्श कर उसका आदेश मानना चाहिए।

जिन्होंने पूर्ण ब्रह्मचर्य और धर्म और सांगोपांग वेद पढ़े हों और जो श्रुति प्रमाण और प्रत्यक्ष आदि प्रमाणों से ही विधि या निषेध करने में समर्थ, धार्मिक तथा परोपकारी हों उन्हीं ब्राह्मणों को शिष्ट पुरुष कहते हैं।

कम-से-कम दस विद्वानों की, यदि यह संभव न हो तीन विद्वानों की धर्म-सभा स्थापित करनी ही चाहिए और उनमें दिए गये धर्म निर्णय की अवहेलना नहीं होनी चाहिए।

उस धर्म-सभा में इस प्रकार के दस विद्वान होने चाहिए-तीन वेदों के विद्वान, कारण-अकारण का ज्ञाता, न्याय शास्त्र को जाननेवाला, निरूक्त को जानने वाला, धर्म शास्त्र को जाननेवाला, ब्रह्मचारी, गृहस्थ और वानप्रस्थ। तथा ऋग्वेदजित, यजर्वेदजित और सामवेदजित इन तीनों विद्वानों की भी सभा धर्म व्यवहार के निर्णय के लिए होनी चाहिए।

एक अकेला ही वेदों को जाननेवाला जिस धर्म की व्यवस्था करे वही श्रेष्ठ धर्म है। सहस्रों, लाखों, करोड़ो अज्ञानियों द्वारा मिलकर जो व्यवस्था की जाये वह मान्य नहीं होती है।

सहस्रों मूर्खों अथवा अविचारकों की सभा नहीं कहलाती। जो मूर्ख के कहे के धर्म पर चलता है, उसके पीछे सैकड़ों पाप लग जाते हैं।

वह मोक्ष देनेवाले सर्वोत्तम धर्म विधान तुमसे कहा। विद्वान् द्विज इसको पालन करता हुआ मुक्ति को प्राप्त कर लेता है।

जो विज्ञ पुरुष सत और असत कार्य रूप जगत को आत्मा अर्थात् सर्वव्यापक परमेश्वर में देखे वह कभी अधर्म में प्रयुक्त नहीं हो सकता।

आत्मा ही सम्पूर्ण देवता है, क्योंकि सब कुछ आत्मा में ही स्थित है, और इन शरीरियों के कर्मयोग को आत्मा ही उत्पन्न करती है।

जो सबका नियन्ता है, सूक्ष्म-से भी-सूक्ष्म है, स्वप्रकाश स्वरूप है, समाधिस्थ बुद्धि से जानने योग्य है उसको परम सुख जानना चाहिए।

इसको कोई अग्नि, कोई प्रजापति, परमात्मा, कोई मनु, कोई इन्द्र कोई प्राण तथा कोई अन्य इसको शाश्वत ब्रह्म कहते हैं।

यह परमात्मा पंच महाभूतों से सब प्राणियों को व्याप्त करके, उत्पत्ति, वृद्धि और विनाश करते हुए सदा चक्र की भाँति संसार को चलाता है।

इस प्रकार जो मनुष्य सब प्राणियों में आत्मा से परमात्मा को देखता है, वह सर्व समता को प्राप्त होकर परम पद को प्राप्त करता है।

□□□